서울의 영감 풍경의 매혹

원제무의 그림이 흐르는 서울이야기

움제나의 그림이 흐르는 사물이야기

머리말

서울의 영감과 풍경의 매혹을 위하여

서울의 밤하늘을 바라본다. 공해로 찌든 밤하늘을 뚫고 빛나는 몇 개의 별이라도 볼 기회가 있었으면 하는 마음을 가져본다. 서울의 밤길에서 무한한 우주를 느끼거나 그 안에 무한히 작은 존재인 서울이라는 도시를 느끼는 것은 지금으로선 불가능해 보인다. 이렇게 서울에서 살아가는 시민들은 인간과 도시에 대한 성찰을 하지 못할 만큼 척박한 환경에서 삶을 꾸려갈 수밖에 없는가? 이 책은 우리에게 현실적으로 주어진 서울에 대한 본질적인 화두로부터 시작된 것이다.

머리말

서울의 영감과 풍경의 매혹을 위하여

서울은 바라볼수록 그 매력이 넘친다. 옛날로 돌아가 봄에는 꽃과 같이 도 가을에는 단풍을 볼 만하기가 있었다면, 지금의 서울은 밤낮이 새시에 화려한 우주를 드러낸다. 그 무한히 깊은 조재의 서울이기도 하며 깊숙한 마음의 서울이기도 하다. 이렇게 보면 이에서 살아가는 시민들은 있을지도 모르지만, 그 도시를 자신의 것으로 지키며 불공정하게 대해 상실하지 못한 미를 들고 찾아서 탐구한 끝에 수려하지 않은가에 이 책은 우선부터 편집적으로 시작하여 미의 서울이 본질적인 호두부터 시작된 것이다.

나는 지금까지 살고, 거닐던 거리들, 그 눈맞춤을 주고받은 애틋한 정의 교감을 사랑한다. 다리품을 팔아 서울 도심의 구석구석을 돌아본다. 힘들어도 참고 견디면, 거리의 영혼이 싹을 틔우는 씨로든, 속이 꽉 들어찬 열매로든 우리 속에 이미 들어와 있음을 알게 된다. 그래서 나는 내가 거닐던 거리와 오래도록 정을 들이고 은밀한 이야기를 나눈다. 그러다 보면 오래된 거리는 오래된 대로 새로운 거리는 새로운 대로 마침내 가슴을 열어젖히고 그들이 지닌 색채와 영혼을 드러내놓는다.

과거의 흔적이 남아있는 서울의 거리를 걷다보면 시간의 흐름을 눈으로 확인할 수 있는 것도 빼 놓을 수 없는 즐거움이다. 차분히 하나하나 돌아보면 우리를 사로잡는 것이 바로 도시임을 알 수 있다. 도시는 우리가 영감을 얻기에 가장 적합하며, 역사의 실체를 더 잘 느낄 수 있는 곳임을 피부로 느끼게 해준다.

도시에는 도시민들의 삶의 모든 면모가 풍경 속에 녹아있다. 나의 발길이 닿는 어느 거리이든 잔잔한 감동의 파문이 일 때, 까닭모를 설레임이 일 때, 그 거리에 빠져들곤 한다. 그럴 때마다 짤막한 단상을 엮으면서, 그림으로 내 느낌의 흔적을 남긴다. 특히 그곳에서 터를 잡은 시민의 삶에 유난히 마음이 끌린다. 적극적이고, 직설적인 문화요소들이 튀어 나오는 서울과 같은 도시가 이채롭게 느껴진다.

어느 거리이건 그 거리에 대한 느낌과 이야기 할 때 동원되는 소재들은 그 거리를 수없이 방문하여 오랫동안 나눈 물리적, 정신적 교감의 부산물이라고 할 수 있다. 그래서 도시를 발견한다는 것은 곧 새로운 세상에 대한 접근이며, 그 도시가 비천한 구석이 있더라도 그것을 이해하는 마음으로 도시를 사랑하며 가슴을 맞대지 않으면 안 된다는 것을 나는 깨달을 수 있었다.

오시아에는 시미르들이 살고 있다. 모든 지모가 풍경 속에 주어있다. 나니 발받이 놓는 아가지도 자아다 이트는 전전히 감
동이 파뭄이 온 때. 자봉로트 술마치를 꺼모았음 감상을 함
깔린 마음이 유난히 샘의 시민의 답불 트가그곳에서 흘. 남겼다. 그늘근도 네 느끼는 쯤의이 즈근주자고, 그
다. 옥실의 안녕로지 비아 나오는 사훌게 달은 도지가 이채롭게 쓰쳤다.

오 어하뭄엽 이았수 들가그 을듬쟁재소 는커우동 을 때 가이아 그꺼지 대한 그 이리가 는 가지이다. 여사 돌 은는 는거하할절 발시그로 가새그. 다섯있 수 할 고라드이룰상부 이엷감 표산성, 지물 군 나 안동것
마 생이지 않지 대한 히넙사 를시고 동음을 느헤이하 을것그 도다가있 이수아 한차비 가시그 도 .미이기깜 해대 에상에 움
마 가슴을 맺지 않은 다르는 것을 나두 깨달을 수 있었다.

'환경친화적인 도시', '지속가능한 도시', '생태도시'에 대한 지향은 그 누구도 외면할 수 없는 화두이다. 끝없이 도시를 향상시키려는 정신이야말로 미래의 도시를 풍요롭게 하는 자산일 것이다. 비록 가야할 길은 멀지만 차근차근 준비해야 한다. 어릴 때 소풍가서 보물찾기 하던 마음으로, 숨겨놓은 도시민들의 행복을 이제부터라도 돌려주어야 한다.

'도시를 바라보고 싶어 하는 사람들'을 외면하면 안 된다는 한 가닥 소명을 갖고 나의 글과 그림을 세상에 내놓는다. 그리고 우리가 살아갈 아름다운 미래의 도시를 위해 조그만 도움이 되었으면 한다.

도시 구석구석에 가지고 있는 이미지를 바탕으로 풍부하고 순수하며, 깊고 서정적인 톤을 만들어 내는 길을 열어주신 이정순 박사님께 한없는 감사를 드린다. 마지막으로 기꺼이 책의 출간을 받아주신 공간사의 이상림 대표님과 열성적으로 편집을 맡아서 애써주신 박성태 본부장님, 편집부 여러분께도 이 자리를 빌어 진심으로 고마움을 전하고 싶다.

2004년 해를 넘기면서
강변에서 **원제무**

두 환경친화적 도시, 지속가능한 도시, 생태도시, 에 대해 지향할 수 있는 기본 기틀이 되는 도시를 말한다. 즉 우리는 풍요롭게 자라날 수 있는 것이다. 책상이 그리고 도시를 중심으로 이해하려 한다. 이럴 때 소중가나 하는 마음으로, 숨가쁠 도시민 이해할 만큼 차근하지 쫓아해야 한다. 이럴 때 소중가나 하는 마음으로, 숨가쁠 도시민 들이 행복함을 어깨부리로 솟구쳐야아 한다.

도시를 바라보고 싶어 하는 사람들, 응 외면하던 인 되다는 한 가지 소망을 갖고 나의 글을 그림을 세상 에 내놓는다. 그리고 우리가 살아온 아름다움 미래의 도시를 위해 조금만 도움이 되었으면 한다.

도시 주체속에서 가지고 있는 이미지를 배경으로 부흥하여 숙수하며, 친근 사랑스런 마음 만들려는 내용 실림을 당하주신 이승준 하나님께 감사를 드린다. 마지막으로 기까이 책의 출간을 맡아주신 웅진 사의 이성림 대표님과 영상전으로 편집을 맡아서 애써주신 박성림 부장님, 편집과 아트워크에 이 시 리즈 짐이 즐거움으로 애쓴다.

2004년 예쁨 남기명에서
무지개

김현아가 **우지개**

Contents

창의문 — 19
역사의 영롱함이 살아있는 풍경

북촌 — 31
마음과 영혼을 사로잡는 마을

세종로 — 47
숨겨진 전통의 절반을 가지기 위한 몸부림

시청주변 — 61
시민정신이 흐르는 상징의 공간으로 거듭나기

정동거리 — 73
잔잔한 전통의 흐름과 사랑스런 이야기의 거리

서대문 — 85
은근한 역사의 색조가 인상적인 터

종로 — 99
전통혼의 찬란함과 따뜻함이 묻어나는 거리

인사동 — 115
고풍스런 빛을 아직도 잃지 않는 공간, 역사, 정서

Contents

창의둥지
19   작가의 창동품이 살아 있는 풍경

부속
31   마음의 양흔을 사로잡는 마을

사충로
47   숨겨진 창동품이 얼마들 지켜 위험 몸부림

사창주력
61   사민창소이 트는 창동민이 움직이며 기울이가

창동거리
73   창전한 창동품과 사람들이 이아기의 거리

사대문
85   근거한 작가의 세기가 안정성이 터

동로
99   장롱혼이 찾아간다 마꽃했어 들어나는 거리

꽁시오
115   고중스럽 빛을 아니로 덧붙 돋든, 창지 도록 앞산, 창사, 창사

청계천 127
청계천의 새 숨결보다 아름다운게 무엇이리

명동 141
달콤한 황혼이 번지는 다국적 동네

153 **충무로와 남산골**
역사, 예술, 푸르름이 함께하는 삶의 현장

165 **남대문로**
공간의 색깔은 변했어도 여전히 전통의 무게를 고스란히 담아내는 동네

177 **서울역**
아스라이 떠오르는 우리의 추억이 머무는 곳

189 **용산**
역사의 파편을 추스리며 별을 가슴에 안으려는 땅

203 **대학로**
젊음의 혼, 열정 그리고 환상이 있는 광장

219 **동대문**
삶이 살아 숨쉬고 사람의 체취가 녹아 있는 곳

127   월계초
시계초의 꽃을 보노라 아름다운게 무엇이

141   영웅
영웅의 동상이 받치고 있는 건 동비

153   충무로 남산골
역사, 예술, 우리들이 잃어버린 삶의 향취

165   남대문로
옛날의 서울을 방행하여 아직도 무엇을 찾아서 살아내는 동비

177   서울역
아드님네 떠드는 우리의 추억이 마무는 곳

189   용산
역사의 파도를 추스르며 불을 가슴에 안으려는 땅

203   대학로
젊음의 흔, 열정 그리고 용솟음이 있는 영동

219   동대문
삶이 살아 숨수리고 사람의 체취가 푹푹 있는 곳

창의문

북촌

세종로

시청주변

정동거리

서대문

종로

인사동

청계천

명동

충무로와 남산골

남대문로

서울역

용산

대학로

동대문

역사의
영롱함이
살아있는
풍경

彰義門

창의문

밤하늘이 아름다운 것은 심연의 깊은 산 속에 보이지 않는 별들의 영롱함이 숨어 있기 때문이다. 도시가 그래도 아름다운 것은 창의문 주변의 숲처럼 소중한 가치들이 시민의 마음속 깊이 뿌리 박혀 있기 때문이다. 자고 있던 바람이 갑자기 더운 공기를 몰고 와 뿌려댄다. 바람에 나무 잎들이 자잘하게 흔들리는 길을 타고 올라간다. 녹색으로 물든 창의문 주변을 걷다가 홀연히 생각에 잠긴다. 창의문 주변 역사의 흔적들은 이렇게도 우리를 감동시키고, 거울처럼 우리를 돌아보게 한다. 역사의 현장을 방문하는 누구라도 마음만 열면 감동은 여기저기 널려있다.

북문인 숙청문과 서문인 돈화문 사이에 자리 잡은 창의문. 우리에겐 '자하문'으로 더 알려져 있다. 조선조 때 이 동네가 개성의 '자하동' 처럼 골이 깊고 물과 바위가 아름다워 '자핫골' 이라고 불린데서 유래되었다. 서울의 육조가 있던 거리인 광화문을 빠져나와 청운동을 거쳐 이 창의문 고개에 올라서면 옛날 고양, 양주로 연결

저녁 노을을 받아 우아하게 빛나는 창의문

되는 도로가 눈에 선하게 보이는 것 같은 착각에 빠진다.

조선시대 창의문 근방에는 양반들이 모여 살았다. 19세기 경의 사대문 안에는 서울 전체 인구의 95%가 살고 있었고, 거주 지역은 사회 신분별로 나뉘어져 있었다. 청계천을 중심으로 북쪽은 양반 계층의 거주지였으며, 남쪽은 평민 계층, 인왕산과 남산 사이의 낮은 지대는 상업에 종사하는 계층의 거주지였다.

창의문을 찾아가기란 그리 쉽지 않다. 창의문은 주택가가 밀집된 부암동의 구석에 있어 자칫하면 그냥 지나치기 쉽다. '창의문 앞'이라는 표지판이 있지만, 그것은 유명무실하다. 표지판이나 현판으로 표시하여 시민들이 찾기 쉽게 만들어 놓았다면 서울의 명소이자, 휴식 공간으로 안성맞춤이라는 생각이 든다. 비좁은 주택가 골목에 들어서면 짧은 터널이 보이고 그곳을 지나면 바로 창의문이 나온다. 문 옆에는 먹음직스러운 선홍빛 감이 주렁주렁 열린 감나무가 있고, 열린 문 안으로 들어가면 아름드리 나무들이 고즈넉하게 사람들을 맞는다. 나무 아래에는 벤치가 놓여 있지만 그 곳은 쓰레기 더미가 놓여 있어 눈살을 찌푸리게 만든다. 또한 창의문 앞에 설치된 조명은 이미 오래전에 깨져 있어 문화재 관리를 소홀히 한다는 인상을 주고 있다. 그리고 철책으로 둘러쌓인 창의문 옆에는 청와대 권역을 경비하는 군인들의 초소가 있어 창의문을 구경하려는 사람들의 발길을 막는 듯 보인다.

창의문은 숭례문과 같은 양식의 축대를 작은 규모로 쌓고, 그 위에 세운 단층 문루이다. 천장은 서까래를 노출시킨 연등천장에 처마는 겹처마이고, 지붕 물매는 완만한 것이 특징이다. 창의문 오른쪽에 있는 높은 돌계단을 올라가면 서울 시내가 한 눈에 들어온다. 나는 한동안 창의문의 자태에서 눈을 뗄 수가 없었다. 창의문은

창의문 너머 멀리 보이는 북한산의 성채

문화유산이 생동하는 하나의 역사책과 같다.

정도전은 한양의 성채 축조 계획을 세우면서 동서남북으로 크게 한양을 넓게 둘러싸는 네 개의 성을 쌓고, 그 사이에 네 개의 작은 문을 축조하기로 한다. 낙산이 끝나는 지점에 흥인문, 남산이 시작되는 곳에 광희문, 남산이 끝나는 지점에 숭례문, 인왕산 줄기가 시작되는 지점에 서대문을 두고, 인왕산이 끝나는 곳에 창의문(자하문)을 세운다는 계획이었다. 이렇게 보면 한양에서 성문의 축조는 철저하게 한양을 둘러싼 산을 근간으로 한 사상적 배경이 있었음을 알 수 있다.

한양을 계획한 정도전은 실로 큰 안목을 가진 도시계획가였다. 그의 혜안은 지금의 서울이 태어날 수 있었던 뿌리가 되었다. 여기서 도시학자 번햄(Burnham)의 사상이 마음을 흔든다.

> 작은 계획은 세우지 마라. 작은 계획은 사람들의 피를 끓게 하는 그 어떤 마력도 없으며, 아마도 제대로 이루어지기는 힘들 것이다.
> 큰 계획을 수립하라. 목표를 높게 가져라. 훌륭하고 논리적인 계획은 우리의 삶이 끝난 후에도 오랫동안 귀감이 된다.
> 도시에서 우리의 이상은 질서이고, 우리의 등불은 아름다움이다.

형형색색의 색감이 그득히 지배하는 창의문. 주변에는 잎새 무성한 나무들이 창의문을 보호하듯 둘러서 있다. 창의문은 문으로서의 구실을 제대로 하지 못했다. 이 문의 위치가 경복궁을 내리누른다는 풍수지리설 때문에 조정에서는 수백 년 동안 문을 막아 백성들의 사용을 금했다. 그리고 나라의 큰 일이 있을 때만 문을 열었다. 나라의 큰 일은 인조반정과 같은 사건이었다. 1623년 이귀 등 서인은 광해군을 상대로 쿠데타를 일으켰다. 이 반정은 한양 북쪽의 창의문을 도끼로 때려 부수고 궁정으로 들어가 광해군을 몰아내고, 인조를 왕으로 옹립한 역사적인 사건이다. 훗날인 1741년 영조는 인조반정을 기념하는 의미에서 창의문의 성문과 문루를 개축하여 반정 공신의 이름을 현판에 새겨 걸어놓게 하였는데 그 현판이 지금도 문 위에 걸려있다.

서울의 큰 문들은 역사 속에 살아 생동하고 있으나, 창의문과 같이 작은 문들은 역사의 뒤안길에서 묵묵히 서있다. 그 동안 우리는 창의문을 서울의 역사로 끌어안는 일은 등한시했다. 이렇듯 서울의 소중한 유적인 문들을 역사화하지 않은 채 무심히 지나치거나 외면하기 일쑤였다. 우리는 그나마 남아있는 서울의 문화유산을 보존하기

창의문 오른쪽 돌계단을 올라가서 그린 꽃과 나무들

대원군의 별장이었던 석파정의 정자와 연못. 외부와 차단된 아늑한 계곡에 위치하고 있다

는커녕 온갖 도시 개발이란 명분으로 그 흔적을 지우는데만 신경을 써왔다. 비숍은 서울의 소중한 문화유산을 깊이 있게 돌아보지 않은 것일까. 그는 19세기 후반의 서울을 이렇게 적고 있다.

> 서울의 단조로운 색채는 특기할 만한 것이다. 서울의 산들이 가진 황토는 짙은 갈색의 진흙 벽에서, 초가지붕에서, 도로에서도 똑같이 찾을 수 있다. 서울에는 어떠한 예술 작품도 없으며, 고대 유물도 없고, 광장의 행사도, 극장도 없다. 외국의 다른 도시들이 소유하고 있는 문화적인 매력이 결핍되어 있다.

자취만 남아있는 세검정. 도시개발에 의해 흔적이 지워졌다고 생각하니 한층 더 무상하다. 창의문에서 상명대학교 방향으로 가다보면 세검정이 나온다. 인조반정때 이괄 등이 칼을 씻고 창의문을 통해 궁궐로 들어갔다는 이야기로 유명한 세검정. 이 깨끗한 물에서 칼을 씻어 반정에 성공할 수 있었을까. 하지만 세검정의 역사는 신라시대로 거슬러 올라간다. 신라시대 무열왕이 전사한 화랑들을 위령하기 위해 장의사를 세웠던 곳으로 지금은 세검정 초등학교 뜰 안에 보존되고 있다. 이 장의사 일대는 무척 경치가 좋아 세종대왕은 집현전 문신 중에서 뛰어난 학자들을 골라 그들에게 이 장의사에서 글을 읽게 했고, 이것이 독서당의 시초가 되었다.

또한 세검정은 울창한 나무에 가려 삼복이 춥다 했고, 세검정에 오르면 정자 밑 폭포에 물 흩어지는 소리가 수십 층 암벽이 무너지는 것만 같아 낮잠을 이룰 수 없는 비경이었다고 한다. 지금은 그곳을 지나는 수많은 차에서 뿜어나오는 매연과 빼곡히 들어선 주택들로 인해 옛 정취를 전혀 느낄 수가 없다.

세검정에서 창의문으로 올라가는 큰 길에는 석파정이 있다. 조선시대의 권문 세도가와 왕조에서 휴식하고자 자주 찾던 석파정. 이 곳은 대원군의 별장으로 알려져 있지만, 원래 소유자는 세도가 김흥근이었다. 대원군이 김흥근에게 석파정을 팔라고 강요했으나 그가 번번이 거절하자 대원군은 아들 고종을 대동하고 석파정에 와서 쉬곤 하였다. 임금이 와서 놀던 곳을 신하가 감히 다시 소유할 수 없게 되자 이 곳은 결국 대원군의 소유가 되었고, 석파정은 그의 호를 따서 붙인 이름이다. 석파정은 그 입지와 설계에 있어서 외부의 소음과 차단된 아늑한 인왕산 계곡에 위치하여 그 안에 들어가게 되면 외딴 산골짜기에 와 있는 신비로움을 자아낸다.

세검동 주변의 빌라형 주택지

창의문으로 올라가는 길목에서 발견한 우거진 숲

부암정은 석파정을 따라 올라가는 길에서 부암동사무소를 끼고 오른쪽으로 올라가서 인왕산 안쪽 깊숙한 곳에 위치하고 있다. 이 정원은 구한말 윤흥열이 만들었으나 개화파로 알려진 그의 아들 윤치호가 와서 쉬며 정원을 가꾼 곳이다. 이 부암정은 크게 세 곳의 영역으로 나뉘어 지는데 사랑채와 안채가 있는 안마당, 건물앞의 바깥마당, 그리고 뒤쪽의 계곡으로 연결되는 후원으로 구성되어 있다. 부암정의 구성이나 건물 배치, 형태, 재료에 있어서 중국과 일본의 근대 건축 양식을 따르고 있는 점이 특이하다고 하겠다.

석파정과 부암정이 지닌 아름다운 자취가 빛을 발하기 위해선 많은 사람들이 찾아와야 한다. 하지만 이 곳을 찾는 일이 그리 쉽지는 않다. 안내 표지판이 제대로 마련되어 있지 않아 초행길인 사람은 물어물어 길을 찾아야 하고, 행여 길을 찾아도 언덕에 있는 주택들 때문에 그 위에 아름다운 별천지가 있다는 것을 의심하여 발걸음을 돌리게 된다. 옛 문화재를 관리하는 일이 바로 역사를 보존하는 일과 무엇이 다르랴. 인내심을 가지고 언덕길을 올라가다보면 이마에 땀방울이 송골송골 맺힌다. 하지만 눈앞에 펼쳐지는 아름다운 정자와 시원한 바람에 그 수고로움은 금새 잊어버리게 된다.

창의문 주변에서 우리의 시선을 사로잡는 것은 청와대와 청와대를 둘러싼 도시 공간이다. 세종로라는 도시축이 정체모를 개발의 열기에 휩싸여 오늘의 어지러운 모습이 되는 동안 청와대 주변은 비교적 외롭고, 호젓한 공간으로 남아 있었다. 세계 도시 권력의 심장부가 모두 그런 것처럼...

왜 대부분의 도시에서 통치자는 성안에 숨어 지내든지 담을 높이 쌓아 일반 시민과 떨어져 있어야만 하는가. 시민들에게 청와대는 권력의 상징 공간이기에 가까이 갈 수 없는 성역으로만 여겨졌다. 그래서 세종로와 광화문을 지나 청운동을 거쳐 창의문으로 가려면 청와대가 가로막혀 숨이 막힌다. 도무지 연결이 되지 않는다. 물론 청와대 서편길이 있으나 삼엄한 경비로 인해 시민들은 접근할 엄두도 내지 못했다. 식민 지배와 군사, 독재 정권의 통치 논리에 휩쓸려 심하게 왜곡된 공간이다. 시민들의 머리 속에 광화문의 서북쪽은 단절된 공간이다. 지역성이나 전통성은 이미 망각되어 역사를 잃어버리고 말았다.

도시는 축으로 연결되어야 한다. 서울 도심과 같은 역사성이 있는 도시 공간은 더욱 더 그러하다. 장소의 역사성이나 주변 환경과 조화되지 않는 청와대라는 공간은 도시 공간의 전체와 동떨어진 기본을 잃은 껍데기나 다름없다. 그 청와대의 외관이 아무리 거창하다 하더라도 그것과 상관없이 정체불명의 건물로 전락하게 되는 것이다.

청계천 복원과 시청 앞 광장 조성으로 인해 서울 도심의 개편이 급물살을 타고 있는 마당에 세종로 - 광화문 - 청와대 - 창의문을 연결하는 거리도 역사 거리로 다시 태어나야 한다.

도시 계획의 근간은 축이다. 도시를 축으로 보아야하는 이유가 여기에 있는 것이다. 서울의 도심은 600년이 넘는 역사를 지니고 있는 세계 도시들 중에서 보기 드문 역사박물관이다. 이 도시 축이 정치와 권력보다 역사와 문화를 담는 공간으로 다시 설계되어야 한다. 도시라는 삶의 무대에서 도시와 시민은 하나다. 주체와 대상은 더 이상 분리되지 말아야 한다. 광화문 - 청와대 - 창의문의 도시 축도 이제 시민을 위해 확 바뀌어야 할 때다. 그래야만 두고두고 역사 속에 살아 빛나는 도시 공간이 되는 것이다.

마음과 영혼을 사로잡는 마을

北村

북촌

갠 날은 황금빛 일몰이 한옥 담벼락을 물들이고, 흐린 날은 마치 새벽공기처럼 회색빛이 되어 한옥기와를 장식한다. 여기는 북촌이다. 과거의 흔적이 남아있는 북촌을 거닐다 보면 시간의 흐름을 눈으로 확인할 수 있는 것도 빼 놓을 수 없는 즐거움이다. 북촌처럼 우리를 사로잡는 곳이 바로 도시이다. 도시는 우리가 영혼의 영감을 얻기에 가장 적당하며, 역사의 실체를 더 잘 느낄 수 있는 곳임을 피부로 느끼게 해준다.

잿빛 기와 지붕위에 시커먼 먹구름이 무겁게 가라앉는다. 서울 600년 역사의 고유한 정취가 북촌을 껴안으면서 한옥보존 동네와 맞닥뜨린다. 그것을 보고 있자니 입에선 아! 하는 탄성이 절로 나온다. 개화사상의 산실인 박규수의 집터, 근대산업의 터전인 풍년상회, 김옥균, 손병희의 집터 그리고 윤보선의 옛집 등을 만나면서 파란만장한 근대사와 그 속의 인물들과 조우한다.

북촌의 상징이면서 옛 정취에 빠져들게 하는 한옥의 문고리

여유와 따뜻함이 배어 있는 동네, 북촌. 이 곳은 그러면서도 역사 속에 갇혀 있는 것이 아니라, 서울이란 대도시 속에서 생생하게 살아 있다. 북촌은 도시의 내면에서 들려오는 소리와 함께 서울의 옛 정취에 푹 빠져들게 만든다. 여기서는 해일(Hale)의 옛 도시 모습에 대한 찬사가 전혀 과장되지 않음을 느낀다.

> 옛 건물들은 우리에게 미소를 짓지만, 새 건물들은 얼굴이 없다.
> 옛 건물들은 우리들에게 노래하지만, 현대의 건물들은 음율을 잃어버렸다.
> 과거의 설계자들은 건물을 바라볼 때 지금 우리와는 다른 것을
> 바라보아서인지 오늘날에는 하지 못하는 것을 쉽게 이루었다. 그들은 빛과
> 그림자 속에서 패턴을 보았다. 그들은 패턴이 그들을 이끌도록 하면서,
> 풍요로운 복잡성을 지니는 형태를 만들어냈다. 그러면 그들이 만든
> 형태들은 스스로 춤추기 시작한다.
> - Jonhathan Hale, 〈The Old Way of Seeing〉에서

화랑, 카페 등이 들어서 고즈넉한 풍경을 자아내는 삼청동 길

청빈하기로 소문난 〈열하일기〉의 저자이자 명문장가인 연암 박지원의 손자인 박규수는 박지원의 영향을 받아서 개국부강책을 주장한 온건 개화파였다. 그는 대동강에서 화륜선 제너럴셔먼호를 불살라 버리긴 했지만, 타고남은 잔해를 연구하여 화륜선을 독창적으로 재건시키기도 하였다. 그는 서양과의 통상을 주장하고, 화물에 관세를 징수하여 국고를 풍부히 함으로써 국력의 바탕으로 삼을 것을 끊임없이 상소를 올려 주장하였지만 무산되고 만다. 결국 그는 굴욕적인 강화도 조약이 맺어지던 해에 백송이 지켜보는 북촌의 집에서 숨을 거두었다. 그의 사상은 김옥균 등의 급진 개화파에 영향을 끼치기도 했다. 그의 사랑방은 한국 개화사를 이루어낸 장소이기도 하다.

또한 북촌의 계동은 태조 때 설치한 복지기관인 제생원이 있던 곳이다. 이 제생원은 서민에게 의료를 베푸는 시민병원이자, 미아를 수용하는 곳이기도 했다. 팔도의

북촌의 뒷산 자락의 낭만이 깃든 가을풍경

별의별 약재가 이 곳으로 모여들어, 한약재로 쓰이는 계(桂)에서 계동이 유래했을 것이라는 설도 있다. 제생원은 세종 이후 혜민국에 통합되어 그 면모는 남아 있지 않고, 그 터는 지금의 계동초등학교 인근으로 추정된다.

이 부근에 세종 때의 정승 맹사성이 살았다. 계동과 재동에서 삼청동으로 넘어가는 고개를 맹감사 고개, 간추려서 맹현이라 부르고 있다. 최영 장군의 손녀사위기도 한 맹사성은 효성이 지극하고 청백하여 거처하는 집이 비바람을 가리지 못했으며, 출입할 때는 소를 타고 다녔기에 누구도 그가 재상이라는 것을 몰랐다고 한다. 그는 음악을 좋아하여 항상 집의 사립문을 닫고 피리를 불었는데, 여름에는 소나무 그늘에서, 겨울이면 방안에 요를 깔아놓고 불었다. 그의 피리소리를 듣고 그가 집에 있음을 알았을 만큼 맹감사 고개의 피리소리는 소문이 나 있었다.

북촌. 이 곳은 역사를 이끌었던 수많은 사람의 체취가 배어있는 고택들과 숨결을 같이 하고 있다. 북촌은 예로부터 경복궁과 창덕궁, 종묘 사이에 있는 전통 주거지역이다. 경복궁과 창경궁은 조선 성리학 사상에 의해 설계된 궁궐로서 조선 왕조의 자연관과 세계관이 녹아들어가 있다. 이 두 궁궐 사이에 끼어있는 공간에 귀족들의 거주를 위한 주거지역이 형성된 것이다.

북촌 가회동의 한옥 공간 구조에 대한 박범신의 소설 〈외등〉의 세밀한 묘사는 우리의 머리 속에 이 곳을 떠올리게 만들어준다.

> 아, 가회동집, 그리고 목련 어머니를 따라가 살게 된 가회동집은 한옥으로서 굳이 말하자면 'ㅁ'자형이었다. 대문을 열면 좌우에 사랑방과 창고가 들어서 있었고, 곧 뜰로 이어졌다. 곱은자형의 안채에는 안방과 윗방이 있었으며, 대청을 사이에 두고 건넌방이 있었다.

도심 속의 아늑한 숲속 풍경을 자아내는 창덕궁

> 뜰은 나무들이 울창했다. ... 기와를 얹은 동편 담장을 따라 오동나무가
> 한 그루 서 있었고, 라일락과 단풍나무와 사철나무가 있었으며, 백목련과
> 자목련이 짝을 맞춰 자라고 있었다.
> – 박철수, 〈소설 속의 공간 산책〉에서 재인용

경복궁 내를 걷다가 발에 채인 흙모래에 감동한다. 경복궁은 나에게 언제나 작은 희열과 기쁨을 준다. 조선 왕조가 한양으로 수도를 옮기면서 벌인 큰 행사가 궁궐을 건설하는 일이었다. 이성계(태조)가 집권하고 3년째 되던 해인 1394년에 왕은 "이제부터 조선의 도읍지는 한양이다"라고 천명한다. 왕은 수도인 개경에서 한양으로 내려와 궁궐터를 물색하고 '신도궁궐조성도감'이라는 기구를 만들어 궁궐을 건설하기 시작한다. 정도전 등이 중심이 된 중신들이 옛 고려조 남경 궁궐 주변의

창덕궁 비원의 주합루와 부용지

명당을 찾아낸 곳이 지금의 세종로 경복궁터이다. 경복궁은 특이하게도 일반 백성이 아닌 산사의 승도(주로 수도승)들을 징집하여 지은 건물로, 조선시대의 목조건물 중에서 가장 규모가 크고 예술성이 뛰어난 건축물이다. 북촌은 경복궁의 동쪽에서 창덕궁까지 펼쳐진 공간을 의미한다.

경복궁과 창덕궁은 도시에 대한 경외심을 불러일으킬 수 있는 색다른 공간이다. 도심 속에서 적막한 숲 언덕과 넘실대는 연못의 물위로 거대한 몸체를 기대고 있는 구름을 본다. 경복궁이 준공된 지 3년만인 태조 7년(1398년) '왕자의 난'이 일어나자 태조는 둘째 아들 방과(정종)에게 왕위를 물려준다. 정종은 도읍을 개성으로 옮겼으나 제2의 왕자의 난이 일어나 태조의 넷째아들 방원(태종)에게 왕권을 넘긴다. 태종은 1404년 가을부터 한양으로 수도를 옮기기 위한 환도 작업을 시작한다. 지금으로 말하자면 '수도이전 기획단'을 만들어 천도를 하게 된다. 하지만 기존의 경복궁은 개국부터 변란이 많아 별도의 궁을 짓는 방안을 모색하다가 지금의 창덕궁터를 이궁의 적지로 보고 1년 만에 창덕궁을 지은 것이다. 이궁조성도감, 즉 '이궁 건설단'을 왕이 직접 진두지휘하여 궁을 완공한 것이다. 192간 크기의 창덕궁은 조정이 개성에 있으면서 한양으로 환도에 대한 논란이 심했던 시절에 지어진 궁이므로 그 규모는 경복궁의 390여 간에 비해 작을 수밖에 없었다.

조선 왕조의 역사가 스며있는 두 개의 궁 사이에 자리 잡은 북촌. 풍수 지리적으로 서울에서 가장 좋은 자리는 경복궁이고, 그 다음이 창덕궁이어서 이 양궁을 연결하는 지역이야 말로 하늘아래 최고의 땅이라고 본 것이다. 북악과 응봉을 잇는 남쪽 기슭에서 현 율곡로 좌우측 일대는 주거지로서는 최고의 지역이라고 이름나 있는

북촌의 전형적인 골목길 풍경

처마선이 맞다 있는 단아한 한옥들

곳이다. 이 지역은 북고남저의 지형으로 겨울에 따뜻하고 배수가 잘되며 남쪽으로 확 트인 전망을 가지고 있다. 지금으로 보면 청계천 윗동네, 즉 원서동, 재동, 계동, 가회동, 인사동을 북촌이라고 일컫는다. 왕족과 고관대작들이 모여 살면서 조정의 국사를 논하고, 관가의 요직에 대한 인사를 결정하기도 하는 등, 서로가 가진 정보를 주고받으면서 살았던 귀족 중심의 마을이다. 한마디로 지배 계층의 주거 공동체라고 할 수 있다. 이에 비해 지금의 남산동, 필동, 묵정동에 이르는 남산 기슭의 남촌은 하급 관리들이 모여 살던 지역이었다고 한다. 신분에 따라 주거 공간이 달라진 것이다.

고종 때의 국사를 기술한 〈매천야록〉은 "서울의 종각 이북을 북촌이라 부르며 노론이 살고 있었고, 남쪽을 남촌이라 하는데 소론 이하 삼색이 섞여 살았다"고 전한다. 소론과 남인 북인은 설령 고급 관리일지라도 남촌에 섞여 살았다고 한다. (서울시, 〈북촌의 유래〉). 도시의 공간이 지나치게 계급적, 신분적으로 나누어진 사례라고나 할까. 하긴 중세의 비엔나, 바르샤바, 프라하, 크라쿠프와 같은 유럽 도시에서도 성곽 내에는 귀족이 살고, 밖에는 일반 시민들이 거주하기도 했지만 계급에 의해 만들어진 도시는 시민의 선함과 진실을 잃게 하고 계층간의 갈등만을 키울 수 있다는 점에서 문제가 있다고 본다.

길을 걷다보니 한옥 기와와 처마선이 머리에 닿을 듯 내려온다. 북촌에서 가회동 일대는 생옻칠, 장고 제작, 천연 염색 및 매듭 등을 다루는 전통 기능인과 예술인들이 많이 거주하고 있으며, 60여개의 문화유산이 분포하고 있다. 가회동 31번가는 서울 도심에서 한옥의 처마선이 층층이 이어지는 풍경을 볼 수 있는 유일한 곳이기도 하다.

북촌의 곳곳에 남아 있는 단아하고 정겨운 한옥들. 한옥마을에 접어드니 숨을 쉬는 듯 편안함을 느낀다. 마을입구가 숨을 들이마시듯 부풀어 오르는 첫인상부터 숨을 내쉬듯 사라져가는 마지막 풍경의 여운에 이르기까지 인위적이거나 부자연스런 구석이 조금도 없다. 지금 북촌에 둥지를 튼 한옥의 본류는 조선시대로 거슬러 올라간다. 옛 한옥은 큼직한 공간에다 우수한 건축자재와 전문 목수(도목)에 의해 만들어진 것이 특징이다.

지금 한옥들은 대부분 도심 주거형 한옥으로 1930년도를 전후하여 개량되었을 것으로 짐작된다. 이 시기에 지어진 한옥들은 대개 가운데 중정을 설치하고, 'ㄷ' 형태의 가옥 전체에 걸쳐 온돌방을 들였다. 한옥의 풍경은 골목길 전체를 바라볼 때 비로소 진가가 나타난다. 한옥들의 처마가 서로 붙어서 이어지면서 골목길로 아득하게 펼쳐진다.

바람이 불어오는 한옥마을의 좁은 길엔 돌담들이 만들어낸 아름답고 고즈넉한 기운이 감돈다. 가회동 길과 삼청동 길, 그리고 인사동 길은 모두 청계천으로 흘러가는 지천을 끼고 동네가 형성되었다. 청계천은 이들 지천에서 흘러나오는 하수를 처리하는 천이다. 그러므로 북촌 권문세가들의 집에서 흘러나온 생활 하수가 지천의 물줄기를 타고 청계천으로 내려간 것이다. 1950년대부터 이들 지천들이 하나하나씩 복개 되어 천은 온데 간데없고 눈에 보이는 것이 모두 도로가 되었다. 청계천마저도 복개되어 청계로로 변하더니 조만간 청계천에 빛이 들고 물이 흐르게 된단다. 늦었지만 퍽이나 다행스러운 움직임이다. 복개된 지천마저도 복원하여 물이 흐르고 물고기가 놀도록 해야 한다.

한옥은 우리의 문화유산이다. 이 한옥마을을 가꾸기 위한 시민적 공감대는 이미

한옥들이 이루어내는 마을을 걷다보면 평온한 마음이 든다

오래전부터 이루어져 왔다. 1977년 이 지역을 최고 고도 지구로 정하여 한옥보다 높은 건축물이 들어서지 못하게 하였으며, 1983년에는 집단 4종 미관지구로 지정하여 관리를 해왔다. 개보수 금지와 건축 규제의 한옥 보존 정책은 거주민들의 생활환경을 악화시키기에 이르렀다. 1990년대에 들어서자 일부 한옥 거주자들의 반발이 있었다. 지원과 혜택 없이 규제위주의 행정에 대해 반기를 든 것이다.

1991년 서울시의 규제 완화를 계기로 한옥이 헐리고 다세대와 다가구 주택이 들어서면서 한옥의 숫자도 급격히 줄어들었다. 그동안 억눌렸던 개발에 대한 욕구가 봇물 터지듯 솟아 난 것이다. 현재 19만 5천 평의 북촌 지구에 약 2천 2백 여동의 건축물 중 40%인 860 여동의 한옥이 남아있다.

도시에서의 전통 주거지는 이방인에게는 등대의 역할을 한다. 그 도시의 전통을 보면 현재의 도시를 가늠해 볼 수 있다는 뜻이다. 서울시의 끈질긴 설득과 대화로 한옥마을을 보존하기 위한 시도가 자리를 잡아가고 있지만 한옥 마을이 아직 풀어야 할 과제도 많다. 지난 2000년부터는 서울시정개발연구원의 주도로 북촌 프로젝트를 수행하면서 주민 스스로 북촌마을 보존에 앞장서도록 유도하고 있다.

한옥들이 이루어내는 한옥마을을 걷다보면 평온한 마음이 든다. 삶의 속도가 너무 빠르고 사람들과 부대끼며 살아야 하는 서울과는 다른 고즈넉한 느낌을 가지게 된다. 최근 한옥마을은 아름다운 한옥을 보존하기 위해 시멘트와 아스팔트 바닥이 아닌, 흙길을 걷는 느낌을 주도록 새롭게 포장했다. 또한 한옥마을에서는 많은 예술인들의 강좌로 전통문화 체험도 가능하다. 다양한 공예품을 만들어보는 체험, 한과나 전통음료, 폐백 이바지음식, 장과 장아찌를 만들어보는 전통음식 만들기가 있다. 그리고 매듭을 이용한 소품과 자연 염색을 배우는 전통매듭 체험, 다도와 김치 담그기, 한복 입어보기, 붓글씨 쓰기 체험 등이 다양하게 펼쳐지고 있다. 한옥 마을을 구경왔다가 여기에 눌러앉게 되었다는 한 프랑스인은 지금 가회동의 주민이 되어 한옥이 주는 정취에 푹 빠져 산다고 한다.

도시가 향기를 가진다는 것은 결코 쉬운 일이 아니다. 향기를 갖기 전에 버릴 것은 버려야 한다. 북촌을 보존하려는 시도는 어려울 수 있다. 불도저에 사정없이 허물어지는 모습을 오랫동안 보아온 세대들에게는 더욱 더 그렇다. 그러나 한옥을 지키려는 사람들이 있는 한, 우리의 북촌 한옥 마을은 더욱 더 아름답게 전통을 이어 나갈 것이라고 믿는다.

숨겨진
전통의 절반을
가지기 위한
몸부림

世宗路

세종로

시간이 쌓여 만들어진 세종로 주변을 돌아보면 이 곳은 분명히 과거의 공간인데, 과거 유산에 대한 철저한 망각 속에 진행된 도시개발의 현장을 보는 듯하다. 다시 말하면 정신적인 파괴를 수반한 물리적인 건설이 이어져온 끔찍한 개발의 계절이었다.

세종로에서 밤하늘을 바라본다. 공해로 찌든 밤하늘을 뚫고 빛나는 몇 개의 별이라도 볼 기회가 있었으면 하는 바람을 가져본다. 세종로 밤길에서 무한한 우주를 느끼거나, 그 안에서 무한히 작은 존재인 서울이라는 도시를 느끼는 것은 가능성이 없어 보인다. 서울에서는 이렇게도 인간과 도시에 대한 성찰을 하기 힘든 근시안적인 삶밖에 살 수 없는가?

세종로에서는 적극적이고 직설적인 문화적 요소들이 튀어 나오는 것이 이채롭다. 세종로는 그 상징성과 역사성이라는 관점에서 응당 강도 높은 스포트라이트를 받아야 한다. 탁 트인 세종로를 오가는 수많은 자동차들의 물결을 바라보는 광화문

조선시대의 광화문과 세종로, 그리고 시민들

의 해태상은 어떤 기분이 들까? 나는 유난히 손때가 많이 묻은 해태상의 꼬리를 쓰다듬으며 세종로를 바라본다.

해태상은 흥선대원군이 경복궁을 중건하면서 세운 석물이다. 해태라는 상상 속의 동물은 성질이 곧아 사람이 싸우는 것을 보면 반드시 사악한 자에게 대들고, 사람이 논쟁하는 것을 들으면 부정한 쪽에 달려들어 물어뜯는다고 알려져 있다. 그래서 중국의 한나라 때부터 궁이나 관아 앞에 해태상을 놓아 드나드는 사람의 마음속의 부정하고 사악한 마음을 씻도록 하는 관습이 생겨났다. 광화문에 있는 해태상의 꼬리는 유난히 손때가 묻어 새까맣게 보인다. 궁문을 드나들던 벼슬아치들이 사람에게 도사리고 있는 부정한 마음이 씻겨진다는 믿음으로 해태상의 꼬리를 쓰다듬었기 때문이다.

길은 인간의 기억이고 상상력의 장소이며 표현의 장이기도 하다. 우리는 인류문명의 가장 이른 아침이 메소포타미아에서 시작되었다고 알고 있다. 메소포타미아의 수메리아 신화에서는 "하늘의 신이 땅 속으로 들어가 어둠의 신과 다투자 아무것도 없었던 황막한 거리에 푸른 나무 한 그루가 솟아올랐다"고 쓰여 있다. 5천년 전에도 길은 사람을 중심으로 이루어져왔음을 알 수 있다. 또한 우리 서울의 아침은 세종로라는 길에서부터 펼쳐졌으리라.

도시에서는 그 도시의 상징 공간, 상징축, 건물이 반드시 있어야 한다. 이 상징 공간은 가로일 수도 있고, 광장 또는 건물일 수도 있다. 도시는 저마다의 빛깔과 향기를 가진 상징물이 필요하다. 서울의 기념비적인 거리는 세종로로 보아야 옳을 것이다. 크리어(Krier)의 관점도 이러한 맥락에서 해석할 수 있을 것이다.

> 공공 공간과 기념비적 건축은 보석과 같다. 너무 많으면 기념이 될 수
> 없다. 가로와 광장만이 좋은 도시를 만들 수 있다. 가장 자연스런
> 집회 장소인 광장은, 공공성이 강한 공간일뿐만 아니라 가장 고상한
> 표현들이 드러나는 곳이다. 그것이 바로 기념비적 건축이다.
> – Leon Krier, 〈Architecture and Urban Design〉에서

한양은 왕조가 만든 기념비적 도시이다. 이런 도시의 핵심이 되는 가로축이 세종로이다. 도시계획에 있어서 기념비적 도시건설의 예는 많다. 19세기에 파리를 건설한 오스망(Haussmann)이나, 바르셀로나를 계획한 체르다(Cerda)가 대표적인 사람들이다. 전체주의적 과대망상증의 대리자로서 기념비적 도시를 계획하고 만든 역사적인 인물은 우리가 독재자라고 부르는 통치자들이다. 히틀러의 독일 도시, 스탈린의 러시아 도시, 무솔리니의 이탈리아 도시, 프랑코의 스페인 도시 등. 세종로에는 충무공 이순신 장군의 동상이 세워져 있다. 이것은 1968년에 건립되었고, "세종로와 태평로가 뻥 뚫려 있어 남쪽 일본의 기운이 너무 강하게 들어와

야간의 경복궁 흥례문 측경(側景)

경복궁내의 향원정과 주변환경

이를 제어할 필요가 있다"던 당시 풍수지리학자들의 주장을 배경으로, 박정희 대통령이 "일제 때에 변형된 조선 왕조의 도로 중심축을 복원하기에는 돈이 너무 많이 들지만, 그 대신 세종로 네거리에 일본이 가장 무서워할 인물의 동상을 세우라"고 지시한데서 비롯되었다. 이에 국가의 심장부로 통하는 광화문 네거리에 위치하여 국가를 수호하는 지킴이의 의미를 지닐 인물로 왜적을 물리쳐 나라를 구한 이순신 장군이 선택되었다고 한다. 이 동상은 고 김세중 선생에 의해 설계, 제작되었다. 얼마 전까지 동상의 이전 문제가 논란이 되었지만, 압도적인 이전 반대의 여론에 힘입어 지금까지 세종로를 지키고 서 있다.

한양은 유교라는 국가이념 속에서 세워진 계획 신도시다. 지금으로 말하면 유교는 나라의 통치 철학이자, 국민들이 기대어야할 기둥이었다. 유교 이념에 의해 만들어진 계획도시는 경복궁을 중심으로, 궁궐 앞 대로에는 육조라는 관청들이, 동서남북 가로에는 시전들이 있었다.
왕조나 정부의 갑작스런 결정에 의해 세계적으로 신도시가 된 예도 많이 있다. 식민지의 거점으로 결정된 인도의 꼴카타, 브라질의 브라질리아, 파키스탄의 이슬라마바드, 나이지리아의 아브자 등의 신도시가 대표적인 것들이다.

세종로는 힘, 활력, 혁신, 권위를 상징하고 있다. 세종로는 지난 600년간 왕과 대통령이 국민 위에 군림하면서 호령해온 거리이다. 세종로는 행정, 정치, 경제의 중심지이다. 조선시대에는 경복궁앞 이 거리가 관청이 들어서 있는 관가였다. 세종로는 관가로서 주제(主制)에 따라 광로로 건설하였고 비록 도로의 포장은 되어있지 않았지만 토질이 좋아서 우마차가 통행하는데 큰 불편이 없었다고 한다. 이조,

호조, 예조, 병조, 형조, 공조라는 육조가 세종로 좌우에 떡 버티고 서 있었다. 왕들이 궁궐 밖을 행차하려면 으레 이 육조 거리를 지나갔다. 지금으로 말하면 이조는 총무처, 호조는 재경부, 예조는 문화부, 병조는 국방부, 형조는 법무부, 공조는 과학기술부에 해당한다고나 할까?

현재의 청와대와 정부종합청사가 이런 전통과 무관하지 않을 것이다. 육조 거리에 인접하여 형성된 시전 거리는 경복궁과 주변 귀족들에게 생필품을 지원하던 길이었다. 세종로는 14세기 말 정도전이 구상하고 계획한 주작대로이다. 이것은 북악산의 정기가 경복궁 근정전을 거쳐 세종로를 따라 관악산으로 연결되도록 만든 국가의 상징가로이다.

> 위대한 거리와 건축물은 개인의 작품이 아니다. 천재가 만들었다기
> 보다는 민중이 진통 끝에 출산한 것이다. 한 민족이 남긴 축적물이고,
> 수세기에 걸쳐 형성된 퇴적물이고, 지속적으로 발현되어 온 인류사회의
> 유산이다. 한 마디로 일종의 누적된 지층이다.
> - 빅토르 위고, 〈파리의 노트르담〉

세종로의 서쪽으로는 정부종합청사, 세종문화회관, 동쪽으로는 미대사관, 교보빌딩이 있는 자리가 육조와 한성부, 사헌부, 장예원의 옛터인 것이다. 세종로의 외관상의 변화가 시작된 것은 일제강점기 때에 왕궁인 경복궁 자리에서 최초의 박람회가 개최되고, 조선총독부라는 새로운 서양식 건축물이 경복궁 내에 축조되면서 부터이다. 이것이 현대화과정에서 고층빌딩 숲으로 변한 것이다. 관청 건물일지라도 궁궐보다는 높이 짓지 못하도록 왕실에서 규제하였기에 당연히 건물 높이는 낮게 지어졌다. 이들 관아의 옛터들에는 업무, 상업, 문화 기능의 건물들로 채워졌고, 관아는 과천으로, 상업기능의 일부는 강남, 여의도 등으로 옮겨갔다.

이렇듯 세종로는 왕이 거처했던 경복궁 앞의 상징가로였다. 세종로 북쪽에는 왕가가 있었고, 세종로 주변에는 육조가 있었으니 이곳은 국가의 심장부나 다름없었다. 경복궁은 일제시대에는 총독부, 해방 후 한 동안은 중앙청으로 이용되어 정치·행정의 중심핵으로 이어져 왔다.

현재의 세종로는 정도전이 설계한 주작대로의 방향에서 약간 빗나가 있다. 일제가 조선총독부 건물을 지으면서 세종로의 방향을 관악산이 아닌 남산으로 틀어버린 것이다. 당시 남산에는 일제의 신사(神社)인 조선 신궁이 있었다.

왕의 거리임을 보여주는 또 하나의 기념비적인 비각이 있다. 광화문 교보빌딩 앞에 세워진 이 비각이 예전에는 비석과 비각의 둘레에 철책과 비각에 드는 돌문으로 되어 있었다. 돌문에는 '만세문'이라고 쓰여 있었다. 일제 때 도로 확장이라는 구실로 비석

일본지배속의 조선총독부건물과 세종로

과 비각만을 남겨두어 지금에 이르고 있다. 이 비에는 "대한제국 대황제 보령 망육순 어극 사십년 칭경 기념비"라는 긴 제목이 새겨져 있다. 이를 풀이하면 "대한제국의 대황제(고종)가 즉위한 지 40년이 되고, 연세가 육순을 바라보니 이를 경사로 보아 기념하며 세운 비"라는 의미이다. 조선의 왕들이 육순을 넘기가 그렇게 만만치 않았던가?

일제는 1910년에 벌써 경성 도시개조를 시행했다. 경복궁 등의 왕궁을 헐어내고 성벽정리위원회를 설치하여 성벽을 철거하였다. 시구개수(弒久改修) 계획에 의해 47개 계획 노선을 선정하여 개수를 실시한다. 이에 따라 기존 도로는 직선으로 개설되고 그 폭도 넓혀졌다. 간선도로 좌우에는 보도를 설치하고, 도로의 중앙에 자동차와 마차의 전용차로를 만들어, 보도와 차도를 구분하였다. 그리고 경복궁과 남대문까지의 거리를 국가 상징가로로 정하여 도로 정비의 우선순위를 두었다.

거리는 시민들에게 문화, 정서, 역사, 상상력을 자극하는 최선의 장소적 매체이다. 그렇기 때문에 거리는 시민 모두가 향유할 수 있어야 하며 누구나 편하게 접근할 수 있어야 한다. 하지만 세종로는 그렇지 못하다. 우선 폭 100m, 길이 600m의 공간은 시민들에게 위협감을 준다. 한마디로 공포의 대상이다. 이 길을 건너려면 컴컴하고 스산하기 이를 데 없는 지하도의 계단을 오르내려야 한다. 차로로 둘러싸인 광화문은 광화문과 도심 간의 맥을 끊어놓고 있다. 광화문의 정문으로 가려면 우선 방황하기 일쑤다. 광화문 앞에는 횡단보도라는 것을 눈을 비비고 보아도 없다. 자동차만 쌩쌩 지나가는 황량하기 그지없는 광장이다.

서울 최대의 '후진성'은 사람과 자동차의 대접이 거꾸로 되어 있다는 점이다. 세종로와 같은 10차로 이상의 차량소통 위주의 도로는 외국도시에서는 보기 힘들다. 모든 교차로에서 횡단보도 신호등이 20초도 채 되지 않아 깜박깜박 거린다. 길 건너는 시민들은 횡단보도에서 마구 뛰어야만 한다.

세종로는 오랫동안 자동차에 의해 짓밟혀 왔다. 그래서 보행자가 철저히 무시되어 온 것이다. 비인간적인 도시계획의 대표적인 예다. 보행자와 같은 약자를 배려하고 보호하려는 노력이 일상적으로 진행되고 있는 유럽도시의 선진성에 비하면 형편없는 일이다. 거리에서 사람의 자존심과 인간에 대한 존중을 지키려는 유럽도시의 도시 교통정책에 높은 평가를 보내는 이유가 여기에 있는 것이다. 세종로를 보면 도로와 자동차 이외의 것들은 무시해도 된다는 의식이 그동안 얼마나 철저히 우리들에게 자리 잡아왔는지 알 수 있다.

세종로는 600년 이상 된 역사의 거리이자, 문화의 거리이다. 그럼에도 일제 강점기에 민족성을 말살하려는 일본에 의해 거리가 뒤틀리고 고유의 문화유산이 없어져버린 아픔을 지니고 있는 것이다. 그리고 개발 경제시대에 들어서 현대화라는 명목으로 파행적인 덧칠과 화장이 가미되었을 뿐이다. 또 자본이 공간을 잠식함으로 인해 자본시장의 논리가 현재의 세종로를 지배해 왔다. 지금은 '자본주의 정글'의 한 단면을 세종로 주변에서 목격하게 된다.

그동안 세종로 주변에 일어난 정체불명의 거대한 개발이 충격을 던져 주고 있다. 경복궁 주변의 지역성이나 전통이 소멸되어가는 과정을 우리는 안타까운 심정으로 지켜본다. 그래서 세종로는 새로운 중요성과 의미를 떠안게 되었다.

1980년대와 90년대를 거치면서도 서울시는 세종로를 지금의 모양으로 그대로 방치해왔다. 세계 도시들은 국가 상징로를 보행 공간으로 만들어 광장과 휴식, 그리고 문화의 공간으로 탈바꿈시켜 왔는데도 서울시는 세종로를 포함한 도심의 역사성 회복과 문화 기능의 부여에는 관심을 쏟지 않았다. 과거의 서울 시정 지도자들은 이 도시 관리에 대하여 주어진 책임과 의무를 다하지 못한 것이다. 이것은 직무유기에 해당하는 사건이다. 세종로와 같은 국가 상징 거리가 자동차만의 커다란 도로로 남아있는 한 서울의 도시 경쟁력은 생겨나지 못한다. 이 상태로는 서울을 국제적인 도시로 만드는 바람은 요원할 수 밖에 없다. 어느 외국 관광객이 서울 도심에서 편하게 세종로를 거닐며 경복궁과 덕수궁, 남대문을 감상할 수 있단 말인가?

월드컵과 각종 시위 때 세종로는 '시민들의 축제와 표현의 마당'이었다. 세종로를 가득 메운 시민들의 함성은 시민들이 얼마나 이같은 광장을 절실하게 필요로 하는지를 말해주는 것에 다름 아니다. 이제 세종로도 시민들의 욕구를 담을 수 있는 공간으로 바뀌어야 한다. 이것만이 시대정신을 반영하는 도시계획이요, 도시설계인 것이다. 인본주의에 바탕을 둔 도시계획이라고나 할까?

> 도시는 인간이 만든 가장 훌륭한 창조물이다. 도시는 자주 교향곡과 시에 비유되는데 내게는 이런 비유가 매우 자연스러워 보인다. 사실, 도시, 교향곡, 시는 동일한 범주에 속하는 것들이다. 이 가운데 도시가 자연, 인간, 도시시설물이 만나는 지점에 있으므로 더 소중한 것으로 여겨진다.
> – C. Levi-Strauss, 〈Tristes Tropiques〉에서

세종로는 정치와 권력의 중심이 아닌 서울의 역사와 문화가 숨쉬는 공간이 되어야 할 것이다. 이렇게 하려면 남북으로는 인왕산, 경복궁, 덕수궁, 남대문, 남산 축을, 동서로는 경희궁, 정동, 창경궁, 종묘, 낙산을 잇는 역사와 문화 축, 그리고 녹지 축을 종합적인 시각에서 조명하여 도시 계획의 새 틀을 짜야 한다. 그래서 그동안 단절된 역사와 문화의 포인트를 연계시켜야 할 것이다.

광화문, 근정전, 강녕전 등이 보이는 경복궁

많은 시민들이 세종로를 미술관, 도서관, 박물관이 어우러진 문화 벨트나 복합문화 공간으로 꾸며야 한다고 입을 모으고 있다. 비엔나에는 도심의 환상도로(링 스트라세)주변에 오페라 하우스, 왕궁, 박물관 등이 모여 있고, 베를린 레푸블릭 광장 주변에는 10개의 박물관, 미술관이 회랑처럼 둘러싸여 있다. 구태여 외국 도시의 예를 들지 않더라도 도심의 상징가로 주변에는 반드시 문화시설이 필요하다.

서울의 문화시설은 시내에서 너무나 멀리 있다. 시민의 시선을 외면하는 먼 곳에 위치한 과천의 현대미술관, 장충역에서 한참 숨 가쁘게 걸어 올라가야 나타나는 국립극장, 지하철 남부터미널 역에서 마을버스로 갈아타거나 한없이 걸어야만 나타나는 예술의 전당 등.

세종문화회관은 저녁이 되면, 공연을 보기 위해 돌계단을 뛰어 올라가는 사람들의 발자국 소리가 여기저기에서 들려오며 활기를 더한다. 미리 예매한 표를 들고 상기된 얼굴로 입장하는 사람들의 얼굴에선 희열이 감돈다. 공연을 보고자 모여든 사람들의 얼굴은 하나같이 밝고 활기가 넘친다. 저녁의 공연 시간과는 달리 한낮이 되면 회관 뒤뜰에 마련된 조그마한 휴식 공간으로 사람들이 모여들어 양지바른 곳에 둘러앉아 여유로움을 즐긴다. 이 곳엔 호주머니가 가벼운 사람들과 바쁜 직장인을 위해 무료공연이 벌어지고 있어 사람들의 발길을 끌어당긴다. 세종문화회관은 발레 공연을 비롯해 고전적인 공연을 하는 것으로 유명하다. 하지만 요즘은 대중문화를 이끄는 가수나, 락 밴드의 콘서트, 대형 뮤지컬 등 다양한 공연들이 열리고 있다.

저녁 공연이 한창인 세종문화회관의 건물에 푸른빛이 감도는 조명이 켜지면 이 곳을 지나가는 사람들의 마음은 설레임으로 가득 찬다. 건축물의 바깥쪽에 설치한 조명으로 인해 건물은 낮에 보는 것보다 더 입체적으로 다가온다. 마치 아름다운 여인에게 시선을 빼앗기는 것처럼 푸른빛이 도는 회관을 보면 마음을 빼앗겨 버릴 것만 같다. 그 조명에 사로잡힌 나의 마음 한 귀퉁이에 이순신 장군의 동상도 아름다운 조명으로 돋보였으면 하는 생각이 들었다. 어찌 되었든 세종로의 밤은 아름다운 조명으로 삭막한 도시를 낭만적인 공간으로 만들고 있었다.

세종로에는 이 도시의 역사가 함축되어 있다. 세종로의 역사에 깃든 추억은 어느 거리에도 뒤지지 않을 만큼 무궁무진하다. 서울 시민들에게 이 거리에 대한 그리움을 품고 살 수 있게 해주어야 한다. 가슴 속에 고여 있는 아련한 추억과 사랑의 샘물처럼.

시민정신이 흐르는 상징의 공간으로 거듭나기

市廳周邊

시청 주변

여행객들의 속삭임마저 광장에 묻히는 곳. 인간의 리듬, 노래, 연주가 어우러지는 시청 광장. 시민정신이라는 꿀을 바르고, '기존사고방식'이라는 외투를 집어던지니 시청 앞 광장이 시민의 품으로 폭넓게 파고들기 시작한 것이다. 광장과 같은 도시시설물들은 도시 '장소성'의 핵심이 된다. 장소성이란 '테두리 지음'이다. 그 테두리 안에서 도시의 삶이 만들어지고, 추억거리가 생겨나게 마련이다.

푸른 잔디로 뒤덮인 시청 앞 광장은 시민들을 쉬게 만든다. 각종 행사가 펼쳐지며, 드라마나 광고 촬영으로 서울의 명물로 자리하고 있는 시청 앞 잔디 광장. 예전에는 온통 자동차의 물결로 뒤덮인 곳이었다. 차량 매연에서 나온 희뿌연 색깔이 하늘을 물들이며 낙조가 광장에 내리깔리던 장소가 이제는 가족 단위의 휴식처가 되었다. 자동차들의 빠른 질주 속에서 광장 주변에 열리는 사진전시회를 보는 사람들, 그 사이로 한가하게 잔디밭에 앉아 도란도란 얘기를 나누는 사람들을 보면

시민들의 리듬, 노래, 연주가 어우러지는 시청광장

'사람과 광장이 편안하게 어울리는 장소'라는 생각이 든다.

일본의 지배라는 거대한 지하통로에서 끊임없이 풍기던 악취, 절단된 희망, 끔찍했던 도시민들의 삶의 현장이었던 시청주변. 서울시 청사는 정도 600년이 넘게 지나는 동안 아홉 차례나 위치를 옮기면서 지금의 자리에 서있다. 1394년에 조선이 도읍을 정하면서 광화문 육조거리에 한성부사가 들어선 것이 시청사의 시초이다. 현 청사는 일제 시대인 1926년에 지어진 이래 당시의 원형이 그대로 보존되어 있다. 일본은 시청사를 일본(日本)의 본(本)자를 본 따서 건물을 앉히면서 옛 중앙청(조선총독부청사)을 일(日)자 형태로 설계하였다. 주요 관공서 건물도 식민 건축화하려 했던 그들의 일면을 읽을 수 있다.

시청 주변은 시민들이 힘을 연출하는 공간이다. 광장이 있는 경우에는 더욱 더 그러하다. 권력의 핵심공간은 시민들이 '파워'를 키워내는 장소가 된다. 이는 비단 정치 시위뿐만 아니라 월드컵 축구 응원이나 음악회 등에서도 마찬가지다.

서구에서는 민중이 왕조나 영주를 공격하거나 반대 시위할 때에 시청광장과 같은 공공 공간을 주로 사용하였다. 왕권에 도전하는 시민들의 시위 때문에 골머리를 앓고 있던 프랑스의 부르봉 왕조 때의 나폴레옹 3세는 시위와 소요에 대응하기 위해 파리 대개조를 실시한다. 도로를 넓히고, 직선화하여, 막힌 골목길을 뚫어버린 것이다. 구 파리의 중심가는 철저하게 개조되고, 도시 경관도 완전히 달라졌고, 그 변화된 모습은 오늘날까지 이어지고 있다. 도로는 군대의 빠른 이동이 가능토록 하고, 보도블록은 시위 때에 투석용으로 사용하지 못하도록 아스팔트로 포장되었다. 결국 오스망이란 도시계획가의 목표는 '혁명이 불가능한 거리'를 만드는 것이었다.

1926년 지어진 이래 당시의 원형이 잘 보존되어 있는 서울시청사

1912년 일제는 경성 시구개수계획을 수립하고, 해당 노선 31개를 발표한다. 이 계획에 따라 1913년 이후 1939년까지 연장 21,325m의 도로와 225m의 광장을 조성하였다. 일제하 경성 시가지의 도심부 정비 사업은 이 시구개수가 처음이자 마지막인 셈이다. 이 사업은 식민도시 서울을 보다 통제하기 쉽게 하기 위함이었다. 일제의 관청 배치 계획은 일본 명치유신 직후에 일본 정부가 기도했던 '일본교 중심 10리 사방의 양식화'를 그대로 따른 것이다. 그들은 폭도들로부터의 방위를 위함이었다나.

1930년대에는 시민들은 남촌(지금의 명동, 소공동, 충무로 등) 지역을 현대화, 서구화, 풍요함의 동네로 여겼었다. 반면에 북촌(지금의 종로 등)은 남루, 빈곤, 어둠이라는 별명이 따라다녔다. 당시 동아일보(1922년 1월1일자)는 남촌과 북촌의 차이를 이렇게 표현하고 있다.

> 밤거리에 나타난 서울의 북촌과 남촌의 대조적인 모습은 우리에게 비참한 충격을 안겨준다. 남촌에 사람사태가 났다니, 진고개의 밤거리는 불야성 이라니... 북촌은 죽음의 거리를 걷는 것 같은 기분이 생긴다. 북촌은 음울하고 어둡고 무기력한 곳, 남촌은 번화하고 밝고 활기 있는 곳이라 하겠다.

진고개가 불야성이라는 것은 도시의 경제가 잘 돌아간다는 의미도 있지만, 도시가 그만큼 사치해졌다는 뜻으로도 해석할 수 있다. 그래도 우리의 사치는 도시가 생성하고 발전하는 데 반드시 필요한 정도의 것이다. 제정 시대의 로마 궁정의 사치는 도를 넘어 섰다. 그들은 미식을 즐기기 위해 '토하는 약'을 준비하고 파티에 참석하여 먹고 토하기를 반복하면서 밤낮을 보냈다고 한다.

대한문 앞 광장에 고종보호 시위를 하러 나온 성난 시민들

서울시청과 광장은 북촌과 남촌의 경계에 있는 공공의 장소였다. 광장은 공론의 장, 시위의 장, 항쟁의 장이었다. 그리고 북촌과 남촌 사이에 존재하는 완충 지대라고나 할까. 시청 앞 광장의 조성은 고종이 러시아 공사관으로 피신했다가 덕수궁으로 돌아온 1897년부터 본격화된다. 황제에 오른 고종은 국가의 상징공간이 필요하다고 보고, 덕수궁 대한문을 중심으로 방사선 도로를 닦고, 앞에는 광장과 원구단을 설치했다. 고종은 우리나라에 광장다운 광장을 만든 최초의 인물인 셈이다.

이 때부터 이 광장은 고종보호 시위, 4.19혁명, 한일회담 반대시위, 6월 항쟁 등 시위와 항쟁의 무대 역할을 톡톡히 했다. 그 이후에도 이곳은 사람만을 위한 보행은 아니었다. 수레와 차, 자전거, 사람이 뒤섞인 길이자 광장이었기 때문이다.

광장은 이렇듯 시위, 항쟁의 장소로도 쓰여지지만 축제 등의 기능을 위해서도 활용된다. 최근의 월드컵 축구 응원, 음악회 등의 장소로서도 시청 앞 광장이 그 역할을 톡톡히 해냈다. 근린주구 이론으로 유명한 페리(Perry)란 도시계획가도 광장의 기능에 대해 이렇게 이야기하고 있다.

> 광장 그 자체는 깃대, 기념물, 야외 음악당, 시위 공간, 분수 등을 위한 알맞은 장소가 된다. 도시에서 시민들을 위한 광장은 도시 축제를 위한 장소로서의 기능이 수행되도록 계획하지 않으면 안 된다.

고종 황제의 즉위를 앞두고 남궁 별 터에 원구단이 만들어진다. 원구단은 하늘에 제사를 드리기 위해 원형으로 쌓은 제단을 말한다. 1897년 10월에 고종이 친히 원구단에 나아가 하늘의 신에게 고하고 제사를 드린 후 황제의 즉위식을 올린 다음 대한제국을 세계에 선포한다. 그래서 원구단은 매우 귀중한 문화유적인 것이다. 그러나 일제는 1913년에 원구단을 헐고 그 자리에 조선총독부 철도호텔(조선호텔)을 지었다. 지금은 황궁우와 석고만이 쓸쓸하게 남아 있다. 일제가 원구단을 무너뜨림으로써 고종 황제의 권위뿐 아니라 백성들의 자긍심까지 추락시켰다.

철도호텔은 지하 1층, 지상 3층의 석조 건물로서 당시에는 호화로운 호텔이었다. 한 나라의 황제가 국가를 위해 하늘의 신에게 제사를 지내던 신성한 장소에 온갖 잡인들이 들락날락하는 호텔을 지은 것 자체가 조선이란 국가를 우습게 본 것이라 할 수 있다. 해방 후 철도호텔은 미군정으로 넘어 갔다가, 그 후 반도호텔로 바뀌었다. 잠시 명맥을 유지하다가 오늘날의 웨스턴 조선호텔로 바뀌었다.

역사의 혼이 새겨져 있는 덕수궁과 건물로 둘러싸인 주변

당시 서양인들이 고종을 바라보는 시각은 멸시와 경멸로 가득 차 있었다.
주한 영국공사로 근무한 '존 고든'은 "한국궁정에서 일어나고 있는
일과 비교하면 로마가 불에 탈 때 네로가 바이올린을 켠 것은 차라리
위엄있는 행동이었다."라고 폄하하고 있다. 이들에게 비친 한국은
극에 달하는 관료들의 부패, 정치현실을 모르는 식자층, 더럽고
일할 의욕을 잃은 백성 등 총체적으로 얽힌 구덩이었다.
- 박지향, 〈일그러진 근대〉에서

시청 앞에서 지하도를 빠져나오면 덕수궁에 이른다. 정문에 '대한문'이라는 현판이 눈에 뜨인다. 예전엔 대안문(大安門)이라고 불렸다. 그런데 어떻게 대한문(大漢門)이라고 바뀌었을까. 덕수궁 화재 후, 복원하면서 1906년에 새로 현판을 갈아 달면

서 이름이 바뀌었다. 물론 정사에 왜 이름을 바꿨는지 알려져 있진 않지만, 높은 보 닛(서양 모자)을 쓴 여인들이 대안문을 자주 드나드는 바람에 나라가 기울었다는 풍설이 있었다. 대안문의 안(安) 자가 바로 이 갓 쓴 여인이라는 뜻이므로, 망국을 예언한 문이라는 여론 때문에 안(安)을 한(漢)으로 바꾸었다는 말이다.

현판에 얽힌 일화를 생각하면서 정문으로 들어서자 오른쪽으로 아주 아름다운 나무들이 나를 반긴다. 이상하게 모든 궁들은 들어서면 여인네의 한이 많이 느껴지곤 한다. 그도 그럴 것이 임금의 승은을 입고자 하는 궁녀들의 바람과는 상관없이 몇 명의 궁녀들만이 승은을 입었고, 비록 승은을 입었다한들 그것이 오래가지는 못했으니 말이다. 그 중 가장 비통한 한 여인네에 대한 얘기가 떠오른다.

명성왕후 시해사건 이후, 고종은 왕위도 빼앗기고 나라도 빼앗기고, 사랑하는 엄비마저 사별하여 덕수궁에서 울분의 나날을 보내고 있었다. 당시 일본 제국주의의 주구 노릇을 하던 윤덕영이 47세의 중년 여인을 계비로 받아들여야 한다고 고종에게 강요했다. 왕위에 오르기 전, 고종이 정혼을 할 때 간택에 올랐다가 선택받지 못했던 규수로 안동 김씨가 있다. 일단 간택되면 평생을 수절해야 하는 것이 도리였기에 안동 김씨는 노처녀로 있었다. 윤덕영은 고종의 승낙은 아랑곳없이 이 노처녀에게 짙은 화장을 시킨 다음 입궁시켰다. 하지만 이렇게 입궁한 여인은 임금님의 얼굴 뒷그림자도 보지 못한 채 정화당이라는 당호만 얻고 궁녀촌 모서리에서 출입을 제한받는 조건부로 여생을 살았다. 고종이 승하하자 그녀는 빈소 앞에서 무릎을 꿇고 가슴을 치며 통곡하다 실신하기에 이른다. 아마도 황제 때문에 멍든 그녀의 일생이 너무도 원통하고 한스러워 그렇게 울었을 것이다. 한 여인의 삶이 임금에 의해 얼마나 고독하고 슬프며 암울한 인생으로 받아들여졌을까. 이상하게도 궁녀들이 머물렀다는 곳으로 발걸음을 옮기자 머리가 쭈뼛쭈뼛해진다. 그녀들의 한 많은 영혼이 아직도 슬피 울며 괴로워하고 있는 것은 아닌지...

시청주변을 거닐 때마다 시선을 사로잡는 것은, 엉뚱하게도 사람은 지하도를 이용하고, 자동차는 버젓이 도로 위를 달리는 광경이다. 인간이 파놓은 동굴 속에는 사람들이 무리를 지어 한없이 걸어가고 있고, 동굴 위 밝은 곳에는 자동차가 꼬리를 물고 달리고 있다. 공포의 자동차들이 우리시대 인간의 초상처럼 느껴진다.

도시는 뭇사람들의 축제가 어우러지는 '생명의 장' 이자 '활동의 무대' 다. 현대문명은 이 '생명의 장' 을 제대로 어루만지지 못한다. 다양성과 복합성을 담는 공간으로서 도시라는 삶의 무대에서 도시 공간과 인간은 하나가 되어야 한다. 시청 앞

고층빌딩으로 둘러싸인 시청과 광장

광장을 보면 시민들이 그동안 얼마나 공공 공간과 괴리되어 있었는지를 금방 알 수 있게 해준다. 도시는 우리에게 질문을 던진다. 속력, 질주, 파괴의 코드로 설계된 것이 시민을 위한 도시계획인가? 아니면 다양하고 폭넓은 시민들의 활동이 어우러지는 공간을 시민들에게 만들어 주는 것이 도시설계인가? 시청 앞 광장은 결국 시민들을 위해 과감한 변신을 시도했다.

도시를 계획하는 데는 인간이 우선되어야 한다. 그 동안 우리의 도시계획에는 인간이 스며들 틈이 없었다. 경제개발과 산업화는 도시화를 부추겼고, 이는 다시 각양각색의 도시 문제를 낳게 된 것이다. 그 와중에 도시 자본가(특히 천민자본가)들의 탐욕은 도시 공간을 착취하게 되어 도시 공간의 파괴를 가져왔다. 이는 당연히 도시민들의 '삶의 질'을 떨어뜨렸다. '도시개발이 우선이다' 라는 철학은 서울과 같은 대도시에서 모두(all)라는 집단적 정체성과 개발의 당위성을 확고하게 만들어 냈다(시정부, 구청, 자본가, 중앙정부 등). 그리고는 그 외 가치와 존재들은 아무 것도 아닌 것(nothing)으로 만들어 버리는 '싹쓸이 계획'을 관행화 시켜온 것이다. 이런 방식의 계획이 지속되는 한 '인간을 위한 도시'로 가는 길은 멀어질 것이다.

시청 잔디광장에 앉아 하늘을 올려다본다. 매연과 공해에 찌든 하늘이지만, 오늘 따라 유난히 파랗다. 하얀 구름이 뭉실 뭉실 떠다니는 모습을 쳐다보며 바쁜 서울의 중심가에서 오랜만에 사치스런 여유를 즐겨본다.

잔잔한
전통의 흐름과
사랑스런
이야기의 거리

貞洞

정동거리

시민의 삶이 아름답고, 한편으로 애달픈 까닭은 전통과 현대라는 가치들이 서로 양립할 수 없는 이율배반적인 상황으로 전개되기 때문이다. 덕수궁, 원구단, 성공회건물, 구 러시아 공사관, 정동교회 등의 전통을 도시화와 자본이라는 칼날로 도려내듯 심한 상처를 주어왔기 때문이다. 그래서 그 충돌과 모순 사이에서 드러나는 정동이라는 역사의 캔버스가 더 강렬하게 다가오는가 보다.

오늘따라 바람이 드세게 분다. 덕수궁 돌담에 붙어있는 담쟁이의 몸부림이 힘에 겨워 보인다. 왕이 머무르는 경운궁을 둘로 나누기 위해 만들어진 정동길. 이 곳을 걷자니 역사의 숨결이 뜨겁게 느껴진다.

정동길은 우아하고 정갈하며 곱다고들 한다. 서울에 정동길만한 길이 여러 곳에 있었으면 좋겠다. 우리는 언제 어디서나 아름다운 거리에 이끌린다. 여기서 제이콥의 말이 가슴에 다가온다.

우아하고 아름다운 대한 성공회 서울주교좌 성당

훌륭한 거리는 마법에 걸려 있는 듯하다. 왜냐하면, 우리는 그런 거리로 가기를 원하기 때문이다. 훌륭한 거리는 쓸모도 있을 뿐 아니라 우리를 즐겁게 해준다. 그리고 누구든지 환영한다. 개개인을 다르게 인식하면서 그들의 익명성도 보장한다. 훌륭한 거리는 커뮤니티와 그 역사의 상징이다. 훌륭한 도로는 공공의 기억을 대변한다. 그곳은 탈출과 낭만, 행동과 꿈의 장소이다.
- Allan Jacobs , 〈Great Street〉에서

삶의 성찰이 배어있는 거리. 전통적 삶이 녹아 흐르는 정동. 고전을 간직한 거리만이 내뿜는 위용과 자태이다. 역사성의 관점에서 정동이란 공간은 덕수궁, 정동극장, 러시아 공사관, 서울 성공회 성당, 정동교회로 특징지을 수 있다.

정동은 광화문, 시청, 남대문로, 서대문으로부터 차단된 채 보호와 그윽함을 제공하는 자궁과 같다. 정동을 둘러싼 외부공간은 자동차와 권위, 그리고 투쟁이 난무하는 곳이다. 정동은 시민들을 홀릴 만큼 매력이 있다. 우리가 정동에 매료되는 이유는 20세기와 그리고 21세기 초반부에 걸쳐 대한제국의 몰락과 일제침탈의 과정을 적나라하게 투영하고 있기 때문이다.

덕수궁, 러시아 공사관 등이 우리들을 역사의 몸속으로 끌어들이고 있다. 덕수궁에 머물수록 뜬금없이 섬뜩한 기운을 느낀다. 임진왜란 때 선조가 피난갔다가 돌아와 머문 곳이며, 광해군이 경운궁이라는 새 이름을 붙여 왕위에 오른 장소이기도 하다.

외침으로 인해 수도를 옮기거나 왕이 잠시 피신했던 세계적인 사례도 흔하다. 중국에서는 주 왕조가 이민족의 압박을 견디다 못해 수도를 서안에서 낙양으로 옮겼다. 러시아의 크프초프는 파도처럼 밀려들어오는 나폴레옹 군에 대항해 페테르브르크라는 신도시를 지키는 반면 모스크바는 포기해야만 했었다.

명성왕후(민비)가 살해되자 고종은 암살당할 지도 모른다는 불안감의 나날을 보낸다. 그래서 고종은 1896년 2월 러시아공사관으로 몸을 피한다. 이것이 아관파천 그러나 고종은 일국의 왕으로서 체신을 유지하고, 국민의 여망을 받아들이기 위해 환궁을 결심한다. 그런데 옮겨간 곳은 경복궁이 아니라 러시아공사관 바로 앞의 경운궁(덕수궁)이다. 신변 보호 때문이었다. 고종은 1919년 1월 서거하기까지 덕수궁에서 기거한다. 고종이 죽은 후 덕수궁은 황폐하게 변한다.

침략과 저항, 개혁과 보수가 첨예하게 맞붙었던 근대사의 현장, 덕수궁. 일제는 러일전쟁을 계기로 대한민국의 주권을 박탈해갔다. 마침내는 고종 황제를 퇴위시키고, 경운궁을 덕수궁으로 바꾸어 불렀다(1907년). 그 후 덕수궁이 내려다보이는 곳에 경성부청사(지금의 시청사)를 짓고, 원구단을 헐어내어, 그 자리에 철도호텔

구 러시아 공사관이 우리를 역사의 몸속으로 끌어들인다

을 세웠다. 한국은행을 조선은행으로 개편하여 돈 줄을 장악하고, 조선은행 주변에 대형 백화점과 시장을 운영하게 된다. 그래서 덕수궁 주변이 관(권력)과 자본(돈)이 탄탄하게 자리 잡도록 유도하였다. 이에 한국인들은 열강의 침탈과 일제의 침략에 항거하기 위해 수시로 대한문 앞에 모여 집회를 열기도 하였다. 외세에 저항하는 항거의 장소로서 덕수궁이 된 것이다.

덕수궁에서도 가장 신성한 공간이라는 선원전, 흥덕전, 흥복전이 '미대사관 건립 부지'라는 이슈와 더불어 여론의 전면에 부각되고 있다. 선원전은 역대 임금의 초상을 모시던 곳이고, 흥덕전과 흥복전은 국장 이전과 이후에 임금의 혼백과 시신을 모셨던 곳이다. 하지만 이곳은 1919년 고종이 죽자 일본에 의해 의도적으로 훼손되었다. 그로부터 1년 후 선원전은 돌 하나도 남기지 않고 해체되었고, 그 이외의 구역도 모두 형체도 없이 사라지는 운명을 맞게 되었다.

그리고 해방 이후 덕수궁의 '신성 영역'은 미국에 넘겨졌다. 흥덕전과 흥복전 자리에는 1945년 10월부터 경기여고가 있었으나 1998년 경기여고가 개포동으로 이전하면서 한미 양해각서에 의해 '신성 영역'은 현재 미국이 소유한 공터로 남아 있다.

미대사관 건립 부지 지표 조사단에 의하면 미대사관저 서측 담장 외곽에서 발견된 문터의 초석(문의 넓이 190cm 추정)은 '문터의 소로(小路)'와 함께 아관파천(1896년 2월 11일) 당시 고종 황제가 러시아 공사관으로 피신했던 통로라고 한다. 끝없는 한을 삭이면서 억장이 무너지는 아픔을 안았을 고종. 일제의 탄압이 전쟁으로 이어졌을 때인 1896년에 대한제국의 통치자인 고종이 택할 수 있는 유일한 피난처는 러시아공사관이었을까?

대한문은 덕수궁의 정문이다. 일본에 대한 악감정이 극에 달한 고종은 서거 후에도 대한문을 통해 홍릉으로 나감으로써 3.1운동의 불씨를 지폈다. 현재 덕수궁의 대한문 위치는 1968년 세종로- 시청 앞 도로 확장 공사 때문에 원래 위치에서 16미터나 뒤로 물러앉은 것이다. 대한문의 석축은 여러 번의 아스팔트 덮개 공사로 인해 땅에 묻혀 버린 지 오래다.

연인들이면 누구나 걷고 싶어하는 거리, 덕수궁 돌담길. 나 또한 가을이 되면 은행잎이 떨어져 있는 돌담길을 홀로 걷는 것을 좋아한다. 도심 한 가운데 이렇게 고즈넉하면서도 쓸쓸한 가을의 정취가 물씬 풍기는 장소가 이 곳 말고 또 있으랴...이 길을 걷자니 박인희의 '끝이 없는 길'이 생각나 혼자 불러 본다.

길가에 가로수 옷을 벗으면 떨어지는 잎 새 위에 어리는 얼굴
그 모습 보려고 가까이 가면 나를 두고 저만큼 또 멀어 지네
아, 이 길은 끝이 없는 길 계절이 다가도록 걸어가는 길

이 노래를 듣다보면 옛사랑을 그리워하는 연인들의 애잔함이 밀려오는 것 같다. 한동안 덕수궁 돌담길을 걸으면 연인들이 헤어질 수밖에 없다는 이야기가 장안에 돈 적이 있다. 그래서인지 연인들의 데이트 장소로 회피하던 곳이기도 하다. 이 근방에 가정법원이 있어서 법원에서 이혼을 하고 돌아가는 길도 이 덕수궁 돌담길이라서 그렇다나?

도심에서 서양식 이미지의 독특한 건물을 떠올리자면 바로 '성공회 건물'이 연상된다. 프레스센터 꼭대기층의 창문(특히 서측 화장실)을 통해 내려다보는 성공회 건물은 정말 우아하다. 화강석과 붉은 벽돌을 조합하여 건축한 로마네스크 양식이다. 종탑 부분에는 큰 종탑과 작은 종탑이 함께 아름다운 조화를 펼쳐내고 있다.

우아한 정동 거리를 보면 서울과 같은 거대 도시에서도 과거와 현대가 조화를 이루는 거리를 얼마든지 만들 수 있다는 생각이 든다. 비록 핏제랄드(Fitzgerald)가 꿈꾸던 이상 도시는 아닐지라도...

그는 머나먼 여정 끝에 푸른 잔디밭에 도착했고, 그가 꿈꾸던 이상 도시와
너무 흡사하여 그것을 놓칠 새라 두 눈을 크게 뜨고 사방을 샅샅이

춤과 음악이 어디선가 들려온다. 정동극장이다.

세월의 무게가 묻어나듯 깊은 종소리가 울리는 정동교회

> *돌아본다. 그는 이미 이 도시 저편의 광대한 미지의 세계에 이보다 더 나은 도시가 존재하고 있다고 믿었다. 그 곳에는 알려지지 않은 유토피아가 어둠 속에 요동치고 있을 것 같았다.*

사실 유토피아는 눈에 보이지 않는 도시('유'는 없는 것, '토피아'는 도시) 이다. 그러나 유토피아는 꿈꾸는 자의 것이다. 그것은 희망, 미래, 상상을 가져다 준다.

정동길을 거닐면 부채춤처럼 화려한 군무가 아니라 승무 같이 한이 많은 독무가 어울릴 것 같은 생각이 든다. 조지훈의 '승무' 라는 시처럼 파르라니 깎은 머리에 하이얀 고깔을 쓰고 달빛에 홀로 춤을 추는 비구니의 애절한 한이 서린 승무처럼 정동의 길은 스산함과 동시에 아련한 과거를 떠올리게 만드는 뭔가가 있다.

이런 우리의 춤과 음악이 내 귓전을 울리는 듯 어디선가 들려온다. 그 곳은 바로 정동극장이다. 돌계단을 내려가면 제법 큰 공연장이 나온다. 그곳에선 외국인들을 대상으로 우리의 사물놀이와 같은 전통 국악공연과 함께 한국무용을 선보인다. 도심에서 듣는 대금 산조 가락이 너무도 구슬퍼 관객들의 눈에 금방 이슬이 맺히게 만든다.

정동극장에서 조금만 더 걸어가면 어느 새 정동교회가 나타난다. 1896년에 지어진 국내 최초의 개신교 교회 건물이다. 서구의 전형적인 고딕식 교회 건물을 보는 것 같다. 이 교회의 종을 일제가 태평양전쟁 때 무기를 만들기 위해 떼어가려고 했다 한다. 지금은 세월의 무게가 묻어나는 깊은 종소리를 울리고 있지만.

도시 자체는 이미 감상가의 것이기 때문에 그의 가슴 속에 숨어 있는 심종(心鐘)이 울리도록 만들어 놓아야 한다. 감상자의 내면을 움직이게 하려면 도시의 역사

성이 살아 있어야 한다. 정동거리처럼. 이런 관점에서 찰스(Charles) 황태자의 코멘트가 생각난다.:

> 나는 사람이 과거와의 접점을 잃어버릴 때 영혼도 잃는다고 믿는다.
> 따라서 우리가 과거의 건축을 부정한다면, 그리고 조상으로부터 전해지는 교훈들을 부정한다면, 그 때 우리의 건물들 또한 영혼을 잃게 되는 것이다.
> - Charles, Prince of Wales, 〈A Vision of Britain〉에서

지금은 문화방송이 여의도로 이전한 자리에는 경향신문사만 남아 있다. 예전 방송국이 있었던 시절엔 연예인을 보기위해 모여든 학생들로 항상 소란한 장소였다. 일명 '오빠 부대'가 이 곳에 나타나, 방송국 앞엔 '오빠'라고 소리치며 몰려드는 10대 소녀들로 북적거렸다. 경향신문사 뒤쪽에 위치한 정동문화예술회관(구 문화체육관)은 예전엔 방송국의 녹화현장으로 이용되었다가 현재는 콘서트홀로 각광을 받고 있다. 공연이 있는 날이면 모여든 젊은이들로 정동거리는 다시 북적거리기 시작한다.

경향신문사 앞의 횡단보도를 지나면 서울시립미술관이 있다. 그곳을 보면 마치 고요한 수면 위에 퍼지는 역사의 파장의 깊이를 느끼게 된다. 서울시립미술관의 터는 일제 시대에 한국인을 재판했던 재판소였다가, 해방이후 대법원으로 바뀌었고, 다시 대법원을 개조하여 서울시립미술관으로 탈바꿈하였다. 정동의 모든 시설물은 이처럼 우리 역사와 사회와 깊게 연관되어 있음을 알려준다. 자판기 커피를 손에 들고 서울시립미술관을 찾으면 몇몇 사람들이 양지바른 벤치에 앉아 도란도란 이야기꽃을 피우는 것이 보인다.

역사의 파장의 깊이를 느끼게 하는 서울시립미술관

아름드리나무가 산책로에 있어서 그런지 이 곳에 오면 걷고 싶어진다. 운이 좋아 전시회가 열리는 날이면 예술가들의 혼이 투영된 작품을 보면서 산책을 하는 것도 이 곳의 매력이리라. 산책하면서 허기가 지면 사랑하는 연인과 함께 스파게티를 먹는 것도 별미가 될 것이다. 강북삼성병원 못미처에 오른쪽으로 난 돌계단을 따라 올라가면 사람들의 입에서 입으로 전해지는 스파게티 식당이 있다. 쫄깃한 면발에 소스 맛이 일품이라 애인이 있는 남자들은 필히 알아놔야 할 집이다. 조그마한 실내는 아늑하면서, 로맨틱하고 2층에서 바라본 시립미술관의 정취도 볼만하다.

정동이라는 도시문화는 이종교배(異種交配)가 진행 중에 있다. 과거 전통적인 우

도심 한 가운데 고즈넉한 산책길, 덕수궁 돌담길

리 도시의 건물과 삶의 공간이 고층빌딩 위주의 자본주의와 정을 통하는 것처럼 보인다. 재개발을 앞세운 도시 자본의 침투가 이처럼 높은 빌딩군으로 나타나고 있는 것이다. 빌딩은 무엇이든 먹어치우는 괴물인가보다. 그들은 정동의 정체성을 게걸스럽게 먹어치운다. 이런 틈바구니 속에서 정동의 역사성은 치열한 생존 경쟁을 하고 있다. 그래서 정동은 투쟁한다. 정동은 역사성과 전통성을 무시한 정부를 비판하는가하면 자본주의와 미국의 횡포 앞에 분노한다. 정동은 이 같은 '정동성(性)' 파괴 현장에서 사람들의 무지막지한 욕망을 꾸짖기도 한다. 탐욕과 쟁취, 갈등과 모순, 역사성의 파괴 속에서 빠져들어 가는 현실 세계에서 모두들 정동을 걸으면서 도시 역사를 음미하는 여유를 누려보았으면 한다.

은근한
역사의
색조가
인상적인터
西大門

서대문

아름다운 도시를 만들려면 연인들끼리의 달콤한 대화, 선조들이 남겨 놓은 문화유산을 보는 사람들, 술잔 기울이는 사람들의 모습, 어쩌다 우연히 마주친 골목길 강아지와의 눈맞춤 등 도시민이 살아가는 인간적인 풍경처럼 도시 이면에 담겨진 사람들의 삶을 살펴보아야 한다. 서대문 주변을 돌아보면서 시민들의 개성, 장소가 주는 매력, 인간적 삶의 이면이 나타나지 않아 한동안 망설이곤 한다.

한양이란 도시를 직접 계획한 정도전은 한동안 '한양의 성곽을 어디에 그을 것인가' 라는 과제를 안고 고심하고 있었다. 도시계획이란 매우 창조적인 작업이므로 그에게는 상상력이 필요했다. 물론 이 상상력은 역사, 공간, 전통이라는 조건 속에서 나래를 펴야한다는 것도 알고 있었다. 어느 날 눈 내린 북악산과 인왕산을 바라보던 그는 "다른 곳은 다 눈이 녹았는데 북악산과 인왕산을 잇는 능선만 녹지 않았단 말인가. 아! 이 능선이야말로 성을 쌓는 데는 딱이야!" 하고 그 자리에서 성곽

멀리서 보아도 너그럽고, 의젓한 모습의 독립문

구축선을 그었다고 한다. 이 성곽 선상에 4개의 대문을 세웠는데 그 중 하나가 서대문인 것이다.

정도전이 구상한 서대문은 지금 경희궁 정문인 흥화문 안쪽 옛 서울고등학교 자리에 있었다고 한다. 그러던 것이 세종 4년 성곽의 대대적인 리모델링을 할 때 서대문을 흥화문 앞 경향신문사와 삼성강북병원 사이의 언덕에 새로 지었다. 이름도 돈화문으로 바꾸었다. 이 서대문 안쪽을 새문안이라고도 하고 신문로라고도 부른다. 지금의 서대문 사거리는 독립문에서 물결이 모아져 서부역, 용산까지 이어지는 개천이었다. 개천의 이름은 '만조천'. 그 위에 '경교'라는 다리가 걸려 있었다.

19세기에 사대문 내의 도시공간은 한양이 도시로서 구실하는 데 나름대로는 충분했으리라. 도시의 적정규모를 논한다는 것은 정답이 없는 난제다. 도시규모란 시대적, 정치적, 경제적, 공간적 상황에 따라 달라질 수가 있다. 하지만 서울과 같이 외곽으로 무한정 개발된 도시는 사람이 살기에 적당한 도시는 아니다. 거대도시는 도시가 지녀야 할 정체성을 상실하게 되었다. 기존 대도시에서는 '도시의 정신'이 스며들 여지가 없어지게 되었다. 큰 도시에서는 도시민의 삶의 질을 높일 수 없다. 멈포드란 도시 학자의 비평을 다시 한번 곰곰이 생각해 본다.

중세 도시만큼이나 현대 도시는 한정된 크기, 형태, 경계를 가져야 한다. 무한히 뻗어 나가다가 갑자기 늪에서 끝나는 불분명한 길을 따라 주택이 확산되는 도시는 더 이상의 도시가 아니다.
- 멈포드, 〈도시의 문화〉에서

경희궁 내의 숭정전과 계단식 행각

그런데 1915년 일제에 의해 없어진 서대문을 그동안 왜 복원하지 않았을까? 도저히 이해가 가지 않는 대목이다. 당시 일본은 '시 구역 계획'이라는 계획안을 만들어 서대문을 헐어 버린다. 도시에 깃든 역사성을 잘라내겠다는 발상이었다. 일제는 부서진 서대문의 문, 기둥, 목재, 기와 등을 시민들에게 경매하였는데 그 속에 불상과 보물이 많이 숨겨져 있어서 이를 구입한 시민들이 뜻밖의 횡재를 하는 일이 벌어졌다고 한다. 일제는 친일 정권수립에 걸림돌이 되었던 명성황후를 시해하는 을미사변을 일으키면서 바로 이 서대문으로 흥선대원군과 불량배들을 이끌고 들어오기도 하였다.

한 템포 느린 여유로움을 주는 경희궁. 임금이 거처하기 위해 건축되었다.

명성왕후의 처참한 죽음을 떠올리면서 경희궁 쪽으로 발걸음을 옮긴다. 경희궁 주변은 '신문로'의 이미지가 부각되는 거리이다. 종로 거리가 역동성과 분주함을 대변한다면 신문로에서 서대문 사거리로 이어지는 거리는 한 템포 느린 여유로움을 느끼게 한다. 경희궁도 다른 궁과 마찬가지로 임금이 거처하기 위해 건축되었다. 인종은 이괄의 난으로 거처하던 창경궁이 불에 타자 1624년 경희궁으로 옮기게 된다. 이 때부터 280여 년 동안 여러 왕들의 거처가 된다.

경희궁에는 처음에 회상전, 융복전, 집경당, 홍정당, 승정전, 홍화문, 황학정이 있었으나 융복전과 집경당은 없어지고 나머지 건물은 1910년 경성중학교(서울고등학교)가 설립된 이후 시내 곳곳으로 흩어져 버렸다. 참으로 안타깝고 한심한 일이 벌어진 것이다. 그 후 회상전은 조계사로, 홍정당은 광운사로, 승정전은 동국대학교로, 황학정은 사직공원 위로 각각 옮겨졌다. 서울고등학교가 강남으로 옮겨갈 때 서울시가 이 땅을 사서 복원을 했어야 했다. 더 심각한 문제는 서울시나 시민들이나 경희궁이라는 존재를 망각했다는 데 있다. 뒤늦게나마 서울시가 이 땅을 인수하여 1988년부터 경희궁 복원작업을 해오고 있지만 난관이 많다. 도시에서 경희궁과 같은 역사적 공간은 사람들의 관심과 사랑의 힘으로 다시 태어나게 된다. 그곳을 지켜보는 조상의 혼백이 후손과 교통할 때 우리들의 어깨에도 자긍심이 피어오르는 것이다.

이런 맥락에서 보면 좋은 도시란 결코 쉽게 얻어지는 것이 아니다. 그래서 도시계획은 물리적 계획에 앞서 인간이 어떤 형태의 공간에서 살아가야 하는지에 대한 깊은 철학적 바탕 위에 세워져야 한다. 거기에다 좋은 도시를 만들겠다는 전 시민

독립운동가들을 잔인한 고문과 함께 가뒀던 서대문 형무소

들의 불굴의 투지가 함께 있어야 한다. 여기서 개펄 위에 베네치아를 세우기 위해 전력을 기울였던 베네치아인들에게 보낸 괴테의 찬사가 울림을 준다.

> 나를 둘러쌓고 있는 공간은 전부 고귀함에 가득 차있다. 이것들은 하나로 통합된 인간의 노력에 의해 생긴 위대하고, 존경받을 가치가 있는 작품이다. 이 훌륭한 기념비는 어떤 한 사람의 군주를 위한 것은 아니다. 전 민족의 기념비적인 것이다.

경희궁에서 서대문 사거리 쪽으로 오다보면 길 건너에 농업박물관이 있다. 이 곳은 세종때 야인을 몰아내고 육진을 회복하여 국토를 넓힌 김종서의 집이 있던 곳이다. 어린 조카 단종을 몰아내고 왕이 되기 위한 수양대군의 쿠데타는 김종서의 제거로부터 시작된다. 수양대군은 한명회와 그의 신복들과 함께 김종서를 처참하게 죽이고 왕위에 오른다. 그 후 충신의 피가 스민 이 집터는 원한이 서려 오랫동안 민심을 자극시켰던 장소다. 이를 두려워한 나머지 수양대군은 이 곳을 지방에 여행하는 사람이나 성안에 드는 사람에게 말을 빌려주는 고마청으로 쓰도록 하였다.

멀리서 보아도 너그럽고, 의젓한 모습의 독립문. 김종서의 한 맺힌 죽음과 함께 권력을 얻기 위해 피로 물들인 역사의 뒤안길을 따라 가다보니 어느새 독립문 로터리에 다가간다. 파리의 개선문과 비슷하게 우뚝 서 있는 독립문을 바라보니, 오랜만에 우리의 역사와 뿌리를 만난 듯 가슴이 벅차다. 우리는 우리의 역사를 너무 등한시하고 살아왔다. 역사를 실천하는 일은 시민의 몫이다. 실천이란 무엇인가. 조상들이 만들어 나간 흔적을 뒤에 오는 시민이 보존하고 관리하는 일이다.

독립문은 서재필의 작품이다. 서재필이 구상하고, 독일 공사관의 스위스 기사가 설계도를 작성했고, 공사 감독은 심의석이 맡았다. 독립문을 세움으로써 중국, 일본, 러시아 등과 같이 우리도 자주독립국가임을 세계에 알리려는 의도가 그 배경에 깔려 있었다. 높이 14.28m, 폭 11.48m의 독립문이 1897년 11월 20일에 비로서 완공되었다. 중앙에는 아치형의 홍예문 모양이고, 대한제국 황실의 상징인 이화 무늬가 문양판에 새겨져 있다.

독립문의 주변엔 독립공원이 있다. 한 낮의 공원에는 노인들이 벤치에 앉아 술을 마시고 있다. 독립공원 안에는 송재 서재필 선생의 동상이 서 있고, 그 옆에 독립신문에 난 그의 논설이 새겨져 있다. 독립공원은 일제시대 때 독립운동가들을 잔인한 고문과 함께 가뒀던 서대문형무소가 있던 곳이다. 해방 후 이 곳은 교도소, 구치소로 사용됐다가 1988년 공원으로 문을 연다. 옆에 있는 독립관은 광복 47주년이 되는 해인 1992년 개원하여 시민들에게 선보였다.

독립문은 시민들이 역사로부터 지혜와 위안을 얻고 싶은 공간과는 거리가 있다는 생각이 든다. 독립공원에는 남루한 옷차림의 노숙자가 벤치를 장악하고 누워 있는가 하면, 알코올 중독자들이 공원에 오는 사람들을 내쫓기라도 하는 듯 소리를 고래고래 질러가며 행패를 부리고 있다. 실로 안타까운 현실이다. 엄마와 손을 잡고 공원을 찾은 한 아이가 멀리 바라보이는 남산의 서울 타워를 보며 묻는다. "엄마, 저기... 큰 주사기는 뭐야?" 아이의 순수한 표현에 마음이 평화로워지면서 공원을 빠져 나왔다.

독립문은 이제 아파트로 둘러 싸여 마치 아파트 단지 내의 기념물로 보일 정도로 왜소해 보인다. 중세 나 근대 도시에서 개발과 전통의 보존이라는 도시 정책의 방향은 항상 긴장과 갈등을 겪어 왔다. 각 도시의 특성에 따라 개발에 힘을 실어 주거나 보존 쪽으로 무게를 두거나 하는 등으로 다양하게 전개되어 왔다. 현대의 서울은 철저하게 개발 위주의 도시 정책을 펼쳐왔기 때문에 전통과 역사가 스며들 여지가 전혀 없었다. 그래서 오늘날 꼴불견의 주변 환경 속에 독립문이 초라하게 자리 잡고 있는 것이다.

1980년대와 90년대를 지나오면서 서울은 도시 역사상 보기 드물게 아파트 위주의 도시로 탈바꿈한다. 사람들이 사는 주거공간이 아파트라는 형식으로만 변해온

고가도로와 아파트에 둘러싸인 독립문, 가을단풍속에 힘겹게 서있다.

것이다. 마치 아파트만이 집인 것처럼. 르 코르뷔제가 구상했던 삼백만인구를 위한 도시, 빛나는 도시가 서울에 나타난 것이다. 과연 르 코르뷔제가 서울의 아파트를 본다면 어떤 느낌을 받을까? 도시에서 아파트가 주는 이질감, 당혹감은 조정래의 소설에서도 잘 묘사된다.

> 처음 이 아파트촌을 먼발치에서 보고는 무슨 공장들이 저렇게 한군데 빽빽이 몰려 있을까 싶었다. 그런데, 공장이라 하더라도 그 숫자가 너무 많았고 지나치게 깨끗했다...그리고 역시 그 건물의 숫자가 너무 많았다. 창고? 그러나 이것도 저것도 아닌 사람이 사는 '아파트'란 이름의 집인 것을 알고 깜짝 놀란 것이다...
> 어찌됐건 서울 사람이란 보배운데 없고 정상스러운 인종들이라 싶었다. 그런데, 더욱 놀란 것은 그 아파트란 집이 상상할 수 조차 없도록 비싼 것이었다.
> - 조정래, 〈조정래 문학 전집4〉에서

우리에게 진정한 의미의 계획가나 설계자가 없어서일까? 쌩떽쥐베리의 말이 다시 내 옷깃을 여미게 만든다.

> 나는 도시를 설계하는 설계자(Designer)이다.
> 설계자인 나는 영혼과 가슴을 지닌 사람이다.
> - 쌩떽쥐베리, 〈성채〉에서

그런데 독립문을 건립한 장소가 하필이면 영은문 자리인가. 영은문은 조선시대 초기 명나라의 사신을 정중히 맞이했던 문이 아닌가. 조선의 임금은 이 곳에서 중국의 사신을 영접하거나 배웅했다. 중국을 숭배하는 장소에 독립문이 들어서서 이 장소에 대한 정체성이 혼란을 일으키게 된다. 영은문 옆에는 모화관이 있어서 중

조선시대 중국사신에게 영접연과 전송연을 베풀던 '모화관'으로 사용되던 독립관

국 사신이 오면 이 곳에서 거창한 환영연과 송별연을 베풀었다. 그 앞의 연못에는 싱싱한 관상어가 놀고 있었다. 그런데 이 관상어 관리를 위한 비용으로 월 10누란 높은 세금을 거두어 들여 백성들의 높은 원성이 자자했다고 전해진다. 모화관은 나중에 독립관이란 이름으로 바뀌어 독립협회 사무실 겸 집회장소로 쓰였다.

독립문을 보면 우리의 굴절된 민족사를 말하지 않을 수 없다. 일제 때 동족 탄압의 앞잡이였던 사람들이 해방된 조국에서 처음에는 눈치만 살피다가 어느 새 권력의 핵심부에 등장하여 정국을 요리하면서 민족사는 빗나가기 시작하였다. 역사의 단죄가 없었으니 오늘날까지 친일파와 그 일가들이 득세하는 경우를 흔히 볼 수 있다. 이렇게 되니 국민들의 가치 판단이 흐려질 수밖에 없다. 참으로 잘못된 일이다. 과거사를 제대로 청산하지 못한 부작용을 우리는 지금 다시 겪고 있다.

독립문과 같은 도시의 상징물이 그 빛을 발하려면 독립문 주변은 커다란 광장으로 처리했어야만 한다. 시민들이 가까이 다가가고, 항상 바라볼 수 있는 일상적인 삶의 영역으로 만들어 놓았어야 했다. 지금의 독립문은 고가 도로와 아파트, 그리고 고층 빌딩에 의해 심하게 포위당한 채 부유하고 있다. 시민과 철저하게 격리된 독립문이 무슨 의미가 있겠는가. 이제 독립문, 경희궁뿐만 아니라 모든 역사적 장소가 지니고 있는 그 정신과 사상을 끄집어내어야 할 때다.

도시를 계획하고 관리하는 일은 매우 창조적인 작업이므로 상상력이 필요하다. 비단 신도시의 계획에서만 계획가에게 상상력이 요구되는 것은 아니다. 이 상상력은 그 장소가 갖는 역사성과 현실을 져버려서는 안 된다. 백성과 땅은 켜켜이 쌓인 역사를 기억하고 있다. 그래서 땅에 기대고 있는 도시가 그 장소와 시간을 잊어서는 안 되는 이유가 바로 여기에 있다.

전통혼의
찬란함과
따뜻함이
묻어나는거리
鍾路

종로

종로를 걷다보면 흰 옷을 입은 종로의 옛 사람들의 옷자락이 환영처럼 스쳐가기도 한다. 이 거리에서 현실과 환상이, 현재와 과거가 자주 중첩되거나 뒤섞이는 것은, 이 거리의 잔재가 기억 속으로 끝없이 뻗어 있기 때문이다. 은은한 가을 햇살이 거리를 비추는 오후, 나는 종각역에 도착했다. 지하도를 빠져나와 오랜만에 느긋한 오후를 만끽하며 종로의 거리를 거닐자니 마음이 편안해진다. 왜 종로라는 이름이 생겼을까. 어릴 때부터 자주 들어왔던 종로라는 이름. 그 이름의 해답은 바로 보신각종에 있다. 종루라고도 불리는 이 종을 아침 저녁으로 타종하여 도성 내 사람들의 안전과 번영을 기원했다고 한다. 이 종루가 있던 거리라는 뜻으로 종가 혹은 종로라는 명칭이 생겼다고 한다.

종로에서 자본가들이 앞 다투어 지은 고층빌딩들과, 치열한 생존의 흔적이 덕지덕지 남아있는 도로변 상가를 제외하면 무엇이 남는가? 자본에 의해 점령당한 종로

양반계급이 주로 걸어다녔던 운종가, 종로는 상업의 거점이었다.

라는 공간을 구원하기 위해서는 종로의 안과 밖에서 서성대는 서울의 역사성과 종로의 정체성이라는 영혼과 육체를 어떻게 접목시키느냐가 관건일 것이다.

종로의 원래 이름은 운종가였다. 많은 사람들이 모였다 흩어지는 거리라는 뜻으로, 그만큼 시전이 많아 상인들이 몰려들었다는 얘기다.
박제가 역시 〈성시 신도시〉(박두대, 박정노 역)에서 종로를 이렇게 그리고 있다.

> 운종가 남쪽 환한 길에는
> 오는 사람 가는 사람 분주 하구나
> 행랑채 뒷골 기왓집 수도 없이 많고
> 큰 길 옆 가게는 즐비하게 늘어섰다.

우리나라 최초의 공원인 탑골공원과 원각사지 십층석탑

종로에는 많은 문화재와 역사의 발자취가 남아 있다. 조선왕조의 신주를 모시는 종묘, 성문을 열고 닫는 시간을 알려주었던 보신각, 우리나라 최초의 공원인 탑골공원, 1960-70년대 건립된 세운상가와 낙원상가가 있으며, 지금의 종로타워 빌딩 자리에 있었던 유명한 화신백화점까지.

산책 삼아 찾아간 탑골공원에 비둘기 떼와 더불어 정답게 술을 마시며 호탕하게 웃어젖히는 노인들의 모습이 정겹다. 되돌릴 수 없는 역사의 한 자락처럼 머리 위로 하얀 눈이 소복히 앉은 나이에 젊은 날을 떠올리는 노인들은 추억을 안주삼아 술을 들이킨다. 입구에 손병희 선생의 동상이 우뚝 서 있어, 들어오는 모든 사람에게 그의 독립정신을 알려주는 듯 했다. 그의 오른쪽에 독립선언서가 조각되어 1919년 삼일 운동 당시, 독립선언문을 낭독하며 태극기를 휘날리던 사람들의 모습이 눈에 선하다.

탑골공원은 예전엔 원각사라는 절이 있던 곳이다. 하지만 1897년 황실공원으로 탈바꿈하여 지금의 모습을 갖추게 된다. 그러니까 우리나라 최초의 공원이 되는 셈이다. 팔각정은 황실을 위한 음악 연주 공간으로 쓰이기도 했지만, 지금은 사람들의 안식처로, 때로는 비둘기들의 쉼터로 쓰인다. 공원 안쪽에 유리에 둘러 싸여 높게 치솟아 있는 탑이 보인다. 바로 이것이 원각사지 십층석탑이다. 탑 전체에 선명하게 새겨진 조각들은 석공의 예술 혼을 말해주는 것 같다.

종로는 각양각색의 사람들로 가득한 곳이다. 어린 학생들로부터 백발이 성성한 노인들까지 이유는 달라도 모두 종로를 사랑하며 이 곳으로 모여든다. 학생들은 대형 서점과 외국어학원이 즐비한 이 곳에서 향학열을 불태우며, 연인들은 데이트를 즐기기 위해, 친구들은 소박한 술자리를 위해 모여든다.

피맛골에 오면 따뜻함과 불빛에 대한 그리움, 그리고 술 한 잔의 유혹이 간절해 진다. 피맛골은 저녁이 되면 사람들로 넘쳐난다. 적은 돈으로 푸짐한 안주와 시원한 막걸리가 가득한 곳. 학창 시절에 자주 갔던 그 곳을 찾아가보니 그 때의 아주머니는 깊이 패인 주름살과 더 넉넉해진 몸의 할머니가 되어 푸근한 미소로 나를 반긴다.

"학생, 오늘은 뭘 줄까."

이제는 할머니가 된 주인아주머니는 중년의 내게 학생이라고 불러주며 추억을 되살려 준다. 연탄불에 구운 고등어구이와 함께 할머니가 따라주시는 막걸리를 한 사발 쭈욱 들이키니 다시 학창시절로 돌아간 것만 같아 기분이 좋다. 그 시절 술에 취해 부대끼는 속을 달래며 먹었던 술국도 함께 마시니 세상의 모든 시름이 한 순간에 없어지는 것만 같다.

피맛골을 거닐다 보면 도시의 이면이나, 음지가 시민들에게 얼마나 중요한 공간인지를 금세 알게 된다. 양지 뒷켠에 있는 빈 공간의 쓸쓸이에 따라 도시의 다양성과 인간성이 자리를 잡을 수 있을 것이다. 노자의 철학도 맥을 함께 한다.

> *흙을 이겨 그릇을 만들지만 그릇을 쓸모 있게 하는 것은 그릇 속의 빈 곳,*
> *문이나 창을 내어 창을 만들지만 방을 쓸모 있게 하는 것은 그 안의*
> *텅 빈 공간. 그러므로 있음의 이로움은 없음의 쓰임에 있는 것이다.*
> *- 노자의 〈도덕경 열하나〉에서*

피맛골은 조선시대 우마차가 다니지 못할 정도의 좁은길로, 겨우 사람들이 빗겨갈 정도의 골목길이었다. 이에 비해 종로의 대로는 꽤나 컸다. 종로의 도로 폭은 오십

학생들은 학원이 즐비한 이곳에 향학열을 불태우기 위해, 연인들은 데이트하기 위해,
친구들은 소박한 술자리를 위해 종로에 모여든다.

육척(16.8-17.5m)으로 당시에는 광로였다. 현재는 35-38m의 큰 폭으로, 도로의 폭을 줄여 버스와 사람 중심의 거리를 만들 필요가 있다. 도로 폭이 넓으면 어차피 승용차 중심의 도로가 되어 사람은 뒷전으로 밀리게 된다. 비엔나의 폭 57m의 링스트라세(Ringstrasse), 함부르크의 폭 50m의 에스플라나드(Esplanade)와 같은 큰 도로를 보면 종로의 도로가 작다고 생각할 수도 있을 것이다. 하지만 이 서양도시들에는 모두 대중교통 수단인 전차가 다니고 있음을 상기해야 한다. 종로가 대중교통 중심의 거리가 되고 나서 시민들의 발걸음이 잦아질 때 이 거리의 본격적인 드라마가 시작될 것이다.

여기서 1894-1897년 사이에 서울을 체험한 비숍(Bishop)을 통해 19세기 후반의 종로의 좁은 길에 대한 모습을 상상해보자.

> *예법이 2층 건물의 건축을 금하고 있어서 약 25만 명으로 추정 되는 서울 시민들은 미로와 같은 골목길에 위치한 단층집에서 살고 있다. 대부분의 골목길이 짐을 실은 두 마리의 황소가 지나가기 어려울 만큼 좁다. 그것도 걸쭉한 것들이 고여 있는 수채 도랑에 의해 더 좁아진다.*

피맛골은 현대적으로 변한 종로의 모습에서 유일하게 역사를 그대로 보존하는 명소로 종로의 뒷골목을 차지하고 있다. 조선시대 때, 고관대작이 종로에 나타나면 평민들은 큰절을 하면서 엎드려 있어야 하는 번거로움을 피하기 위해 비좁은 골목길을 즐겨 다녔다. 고관대작의 마차를 피해 만든 골목이라는 뜻의 피맛골. 청진동과 YMCA 뒷골목의 피맛골은 조선후기에는 목로주점, 장국밥집, 내외술집, 모주집, 색주가 등이 즐비하게 들어서 있던 곳이다. 음식의 손맛은 60년이 지나야 나온다고 했던가. 그래서인지 이 곳은 대를 이어 장사하는 가게가 많아 여전히 그 맛을 유지하고 있다. 골목길을 걷다보면 가게마다 풍기는 빈대떡 지지는 냄새와 생선 굽는 냄새가 지나가는 행인을 유혹한다.

취기가 돌자 종각의 명물인 보신각종을 보고 싶은 충동이 일어 골목을 빠져 나온다. 지하도 옆에 서 있는 거대한 빌딩을 쳐다보려니 현기증이 난다. 거대한 공룡과 같은 종로타워. 예전에는 이 곳에 화신백화점이 있었다. 일제 시대, 박흥식이라는 사업가는 일본의 거대한 자본에 맞서 화신백화점을 열었다. 이는 건축가 박길용이 설계한 고층 빌딩으로 한국인이 설계한 최초의 서양식 건축물이었다. 외관의 모습이 세련되어 세워지자마자 종로의 명물로 자리 잡았다. 박흥식은 민족 자본가란 명성을 날리며 사업가로서 성공을 했지만, 나중엔 반민족 행위자라는 낙인으로 인해 끝내 몰락하고 만다. 화신백화점은 1938년에서 1987년까지 50년간 화려한 시대를 보내다가 1990년대에 지금의 종로타워로 탈바꿈한다.

종로타워. 이 건물은 종로의 소탈한 골목길의 풍경과는 너무 대조적인 모습이다. 피부와 외모가 다른 외국인들 사이에 낙동강 오리알처럼 홀로 떨어진 동양인이 갖는 이질감이랄까. 전통적인 종로의 모습에 잘 어울리는 모양새를 갖추었더라면 얼마나 좋았을까하는 안타까움이 든다. 우루과이 출신의 건축가인 라파엘 비뇰리가 설계한 이 건물은 커다란 원기둥 3개로 이루어진 코어와 외부로 노출된 구조 프레임, 하늘에 떠 있는 구름과 같은 공간을 만들어 낸 (Top Cloud 공법) 건물의 모습이 이색적으로 다가온다(박철수, 〈소설속의 공간 산책〉). 화려한 조명으로 가득 채워져 있음에도 종로 타워는 빛을 갈구하는 깊은 동굴처럼 막막해 보였으며, 거만하게 공중에 솟은 건물은 철근을 넣지 않은 빌딩처럼 불안해 보인다. 종로타워가 등장한 조경란의 소설 한 토막을 읽어보자.

> 그리고 창 밖을 내다보았다. 네온이 성성한 도심의 빌딩들과 좁고 구불거리는 차도를 지나가는 버스의 긴 지붕들. 남산 타워와 은밀한 도시의 요새처럼 환하게 불을 밝힌 동대문, 두산타워. 빽빽하게 밀집한 빌딩 숲과 구불거리는 길에 수많은 골목을 숨긴 인사동 거리, 푸른빛의 간접 조명을 받으며 성채처럼 우뚝 선 세종문화회관 건물. 33층에서 바라보는 도심의 한 밤은 셀 수 없이 많은 빛을 흩뿌려놓은 듯 화려한 빛 무리로 들끓고 있다.
> – 조경란의 〈우리는 만난 적이 있다〉에서

종로타워를 보면서 "건축물은 도시에 형태를 가져다주기에 도시와 절대적으로 분리되어 설계되어서는 안 된다."라는 명제를 음미하게 된다. 건물은 도시문명과 함께 태어난 도시 시설이기에… 건물을 도시라는 집단성 속에서 바라보아야 하는 이유가 여기 있는 것이다.

전통의 혼을 무시하는 자본이 만들어낸 현대적 건물을 쳐다보고 있노라니 가슴을 둔탁한 흉기로 얻어맞은 듯 아파온다. 길을 가던 젊은이들이 건물 앞에 만들어진 공터에 조금씩 모여든다. 호기심에 가만히 다가가보니 거리의 가수들이 공연을 준비하고 있다. 앰프와 마이크 등을 아스팔트 위에 올려놓고, 한 쪽에선 가수가 악기를 튜닝하며 마이크 앞에 선다. 조금 후 부드러운 노래 소리가 울려 퍼지며 지나가는 젊은이들의 발걸음을 사로잡는다. 그래도 음악 공연이 있기에 이 곳이 그리 삭막해 보이지 않는다는 생각을 하며 지하도를 건넌다.

건너편에서 노래 소리에 맞춰 사람들이 환호하며 박수치는 소리가 들린다. 나는 묵묵하게 사람들을 향해 서 있는 보신각종을 바라본다. 보신각(普信閣)은 그 말 그대로 믿음이 넓게 울려 퍼진다는 뜻이다. 조선조 태조 7년에 청운교 서쪽 종루에 설치했던 것이 여러 차례 자리를 바꾸고 임진왜란 때 소실되는 등 4차례나 화재와 중건이 있었고 고종 32년에 보신각종이라 불리게 되었다. 하지만 이 종은 오랜 병화와 재화로 종 몸체에 균열이 생겨 더 이상 타종할 수 없게 되어 경복궁 안에 새 종각을 짓고 보관중이다. 지금 내가 보고 있는 이 종은 대한민국 건국 이후 국민의 성금으로 주조된 것이다. 1985년 8월 14일에 종이 걸리게 되고, 다음날인 광복절에 처음 타종을 하게 되었다.

보신각종의 타종을 들으며 우리는 밝은 새해를 꿈꾼다. 그 때가 되면 종각은 그야말로 인산인해를 이룬다. 제야의 종을 33번 치는 이유는 조선 시대에 이른 새벽 사대문 개방과 통행금지를 알리는 타종인 파루를 치는 데서 연유한 것으로, 제석천(불교의 수호신)이 이끄는 하늘의 삼십삼천에게 하루의 평안함을 기원하기 위해 파루를 33번 울렸다고 한다.

보신각종을 빠져나와 나는 다시 발걸음을 옮겨 종로 3가로 향한다. 이제 어둑어둑해진 거리에는 각종 물건을 파는 노점상과 싸고 맛좋은 거리 음식들로 즐비하다. 극장에서 즐겨먹는 군것질거리로 가득 찬 포장마차 아주머니는 연신 오징어와 쥐포를 굽느라 분주하게 손을 놀린다.

대로를 사이에 두고 위치한 극장가에는 영화를 보러 온 젊은이들로 가득하다. 지금은 재건축을 위해 몇 년 전 헐렸던 단성사는 일제시대인 1926년 10월 1일 춘사 나운규의 '아리랑'을 보기 위한 시민들로 거리를 가득 메웠다. 항일 저항정신을 필름에 아래 새긴 민족 영화인 아리랑은 그 시절, 많은 사람들의 가슴에 독립에 대한 열망과 함께 눈물을 자아낸 영화였다. 일제시대 종로를 무대로 활동했던 김두환의 일대기를 담은 영화 〈장군의 아들〉(1990년, 임권택 감독)이 단성사에서 처음으로 개봉한 것도 단성사의 역사와 무관하지 않으리라.

예전의 종로에는 양반계급 아래의 중인들이 모여 살았었다. 그리고 상업의 거점으로서 '육주비전' 등이 있어 궁중에 납품하는 물건들이 거래되던 곳이다. 조선 왕조는 1394년 한양으로 천도 계획을 세우면서 1399년에는 시전을 구상하고, 상가의 규모와 위치를 설계한다. 혜정교(중학천의 다리)에서 파자교(창덕궁에서 청계천으로 유입되는 개천의 다리)에 이르는 대로변에 각종 물화를 취급하는 800여 칸의 점포를 계획하는 안이었다. 지금의 신도시 상업지구의 노선 상가를 짜는 계획과 비슷한 구상이다. 이 거대한 스케일의 노선 상가 계획안을 실행하기도 전에 '왕자의 난'이 일어나 정종이 한양에서 개경으로 환도하게 되어 유보되게 된다.

그러나 종로가 시전, 즉 상가의 전국적 중심지가 된 것은 태종 때 다시 한양으로 천도하면서부터다. 조정에서는 1412년 2월부터 시작하여 2년에 걸쳐 공사를 실시하였다. 이 때 정종의 숙원 사업이었던 800여 칸의 점포가 조성된다.

종로가 상가로서 쇠락하게 시작한 때는 일제 시기다. 일제는 종로의 상가에 대하여 여러 가지 규제와 동시에 조선총독부 지시 아래 명동에 상가를 조성토록 하여 종로의 상점을 빼앗기 시작하였다. 이 때 종로 상인들을 뒤에서 보호해준 사람이 앞에서 말한 장군의 아들 김두환이다. 1931년에는 박홍식이 종로 네거리 옛 시전 상가 자리에 화신백화점을 세워 겨우 종로 상가의 맥을 이어가고 있었다. 해방 후 종로는 다시 그 옛 명성을 찾아 종로 1가에서 6가까지 거리에는 다양한 상점들이 생기면서 상권을 장악해왔다. 비록 지금에 와서는 상권이 서울시 전역으로 분산되긴 했지만 그 전통은 지금까지 이어져 내려오고 있다.

예전에는 종로 1가에서 6가까지 큰 길 양쪽으로 집 한두 채 간격을 두고서 좁다란 골목길이 나있었다. 이 골목들은 그동안 토지구획 정리사업과 도시 재개발에 의해 지금은 그 흔적도 찾기 힘들다. 사정이 이렇다보니 종로에는 빈틈이 없어 바람이 속삭이지도 않고, 정적이 비집고 들어갈 만큼의 공간도 허용되지 않았다. 이제 종로는 헤아릴 수조차 없는 사람들의 발자국과 잠시도 멈추지 않는 자동차 소리로 넘쳐나고 있다.

조선왕조의 역대왕과 왕비의 신주를 모시는 유교사당인 종묘

현대적인 모습과 전통적인 모습이 섞여있는 종로

눈이 부시도록 아름다운 귀금속들이 젊은 여성들을 유혹하며 쇼윈도 앞으로 모여들게 만든다. 종로는 귀금속 상가가 모여 있는 곳이기도 하다. 이 곳에서 생산되는 보석 제품은 전국적인 규모를 자랑한다. 상가마다 결혼 예물을 맞추러 온 예비 부부들이 설레는 마음으로 물건을 고르는 모습이 보인다. 결혼을 준비하는 그들을 보면 입가에 미소가 흐른다.

박제가는 〈성시전도시〉 (박주대, 박정노 역, 1985)에서 종로를 포함한 한양에 대해 근사하게 묘사하고 있다.

> 그대는 한양의 궁궐이 하늘 높이 솟아 있는 것을 보지 못했다.
> 층층으로 쌓은 성이 사십 리를 둘렀네.
> 왼쪽에는 종묘, 오른쪽에는 사직단을 높게 세우고
> 뒤에는 산들이 둘러 있고, 앞에는 한강수가 흐른다.

발걸음은 어느 덧 종묘에 다다른다. 종묘는 북적거리는 종로와는 달리 쓸쓸하고 적막하기 이를 데 없다. 종묘에는 향기가 없다. 아니 내면적인 향기가 있다한들 시민들이 그 향기를 못 맡으면 무슨 의미가 있겠는가? 종묘는 우리에게 너무 멀리 있었다. '동양의 파르테논 신전' 이라는 왕과 왕비의 신위을 모시는 종묘. 1394년에 축조된 종묘는 유교의 검소한 기품이 반영된 건물로, 정면이 길고 수평이 잘 맞는 독특한 건축 양식을 따르고 있다. 의례와 음악과 무용이 적절히 조화된 도시 공간임에도 그동안 사람들은 좀처럼 이 곳으로 발길을 옮기지 않았다.

청록색 이미지가 눈부시게 다가오는 종묘지만, 이 곳은 쓸쓸하게 자리해 있다. 사람들은 그저 종묘를 종로 뒤에 숨어 있는 공간 정도로만 알고 있을 뿐이다. 시민들에게 적극적으로 종묘를 알리고, 그들의 관심을 끌어 모을만한 방법을 찾아야한다는 생각이 든다.

일제의 우리문화유산 파괴는 철저했고, 잔인했다. 조선총독부가 종묘와 창덕궁을 끊어놓고, 경복궁을 절단해 놓고, 경희궁을 해체하고, 삼각산 정상에 쇠못을 박아 민족정기를 말살한 것이다. 그래서 600년이 넘은 서울의 정체성에 심한 금이 가버린 것이다.

쓸쓸한 종묘를 빠져 나와 신호등을 건넜다. 눈앞에 상가와 아파트를 결합한 서울시 최초의 주상복합 건물인 세운상가가 보인다. 남산과 종묘를 잇는 녹지 공간은 도시의 아름다운 경관을 낳도록 설계되었다. 하지만, 세운상가와 낡은 주거 지역, 우후죽순처럼 생긴 상권 등으로 인해 이 일대는 국적 없는 도시처럼 휘청거리고 있다. 밤이 되니 식당, 주점, 카페, 나이트 클럽 등의 네온사인들이 일대의 경관을 휘황찬란하게 수놓고 있다. 최근 강북 뉴타운 개발계획 속에 세운 상가를 재개발 하는 계획이 한창이다. 세계적인 도심 재개발 프로젝트를 통해 남산 – 청계천 – 종묘를 잇는 녹지축이 되살아나길 기대해 본다.

종로의 골목과 대로변을 두루 돌아다니다 보니 '조화' 라는 단어가 떠오른다. 도시에는 현대적인 모습과 전통적인 모습이 음양의 조화처럼 적절히 섞여야 그 맛이 난다. 그렇다고 단순히 음과 양의 세계를 대비해주는 것으로 끝나서는 안 된다. 낮이 있으면 밤이 있고, 봄이 있으면 가을이 있으며, 생성이 있으면 쇠퇴가 찾아오듯 도시는 양극이 톱니바퀴처럼 맞물려 돌아가야 아름답다.

종로의 거리를 걷다보니 우리의 암울한 역사를 재발견하게 된다. 고종은 파리의 개선문 거리처럼 덕수궁을 중심으로 왕궁의 권위에 걸맞은 방사형의 도로망을 갖길 원했다. 하지만 일제가 고종의 이러한 뜻을 수용할 리가 없었다. 일제는 오히려 종묘, 광화문, 경희궁, 동대문 등 도심의 문화유산 주변에 도로가 지나가도록 하여 유적들을 철저히 유린하고 만다. 종로만 해도 광화문, 종묘, 동대문 등이 큰 도로 개설로 인해 전통 혼이 날아가 버린 셈이다. 암울한 역사를 딛고 일어난 우리의 현재 모습처럼 종로도 더 아름다운 모습으로 거듭나기를 소망하며 이 거리를 빠져 나온다.

고풍스런 빛을
아직도
잃지않는
공간, 역사, 정서

仁寺洞

인사동

소박하고 우아한 길에 어쩐지 잘 어울릴 것 같지 않은 고층건물, 노점상, 간판, 돌 등이 그런대로 뒤섞여 조화될 수 있다는 사실을 발견하고는 새로운 감흥을 느낀다. 그러나 동시에 어색하고 불편한 느낌도 지울 수가 없다. 그 불편함이란 인사동 거리에 들어선 건물들이 인사동의 장소성과 역사성과 어울리지 않는 계획이라는 껄끄러움에서 나온다. 자동차가 거리의 주인처럼 행세하고 있는 것도 꼴불견이다. 인사동을 보고 있노라면 아름답게 피어있는 꽃에 주목하기보다는 시들어가는 과정에 주목함으로써 인사동이 처한 현실과 경계해야 할 대상의 실체가 선명히 떠오르는 듯하다.

조그마한 골목길을 들어가자, 한옥의 처마 밑에 음식점 간판들이 눈에 띈다. 그 유명한 인사동의 한정식 골목이다. 한 식당의 나무문이 열리며 주인인 듯한 사람이 푸드덕거리는 비둘기를 밖으로 쫓아내려 애쓰는 게 보인다. 아마 비둘기도 배가

인사동 거리 돌위에 피어있는 아름다운 꽃

고파 맛있는 한정식을 먹으려는 욕심에 열린 문틈 사이로 날개를 디밀었나보다. 꼬불꼬불한 골목길을 빠져나오자 인사동길이 나온다. 공사가 한참 중인 대로변엔 젊은 작가들의 낙서 같은 벽화가 크게 걸려있다. 천진한 학생들이 그림 위에 자신의 이름을 적어놓은 것도 눈에 띈다.

인사동은 평일도 주말 못지않게 북적거린다. 이 거리를 다니는 사람들의 국적도 다양하다. 금발에 파란 눈을 가진 외국 여인네들과 사진을 열심히 찍어대는 중국 관광객들이 인사동을 가득 메운다. 길거리에서 약과며 엿을 사먹는 외국인들은 돌 화분대 위에 잠깐 휴식을 취하기도 한다.

인사동은 근대에 들어오면서 우리 역사와 문화의 보고였다. 근대와 현대로 넘어오면서 켜켜이 일그러진 인사동은 우리들의 호기심을 불러일으키며 많은 사람들을 이 곳으로 오게 만들었다. 인사동은 조선시대에는 북촌과 남촌 사이에 있으면서 주로 중인들이 살았던 주거 지역이었지만 미술활동의 중심지였다. 이런 역사로 인해 인사동이 현대에 예술의 거리라고 불리는 것은 당연한 일이 아닐까.
인사동이라는 거리의 이미지는 파리의 몽마르뜨, 뉴욕의 소호, 모스크바의 아르바트 거리와 비슷한 뉘앙스를 풍긴다고들 한다. 하지만 아직 정체성이 모호한 인사동이 세계 도시의 예술 거리와 어깨를 나란히 하기에는 부족하다는 생각이 든다. 인사동을 떠올리면 뭔가 생각나는 특화된 우리만의 것이 절실히 필요하기 때문이다. 인사동을 보면 예술가 정신이 도시에 강하게 접목되어야 할 이유를 느낀다. 일찍이 언원(Unwin)이란 도시 학자는 도시에서의 예술가 정신을 이렇게 강조했다.

젊은이들을 유혹하는 주말의 밴드공연, 인사동 거리의 한 공연장에서

새로운 감흥을 줌과 동시에 어색하고 불편함을 주는 인사동 거리

무엇보다도 예술가 정신을 도시 계획의 작업 속에 불어 넣을 필요가 있다.
이 사상은 계획가가 구상하고 설계하는 도시, 그리고 그 도시 속의
생활공간에 걸쳐 다양하고, 독창적으로 스며들어야 한다.

인사동이란 이름은 조선 시대 한성부의 '관인방'의 '인'자와 '대사동'의 '사'자를 따서 만들어졌다고 한다. 인사동에는 예부터 내려오는 자연 마을인 대절골, 향우물골, 이문동, 원골 등이 있었다. 대절골은 원각사 사찰로, 향우물골은 우물 옆에 향나무가 있어 붙여진 이름이다. 또한 149번지는 중종반정 때 정국공신 구수영이 살던 곳으로, 조선 후기에는 김홍근의 소유였다가 헌종의 후궁 경빈 이씨의 순화궁이 되었다.

인사동에는 질곡에 빠진 한국 근대사가 켜켜이 쌓여있다. 인조는 어린 시절을 이 곳에서 지냈다고 한다. 율곡 이이 선생이 인사동에 기거하였고, 조광조의 집도 이 곳에 있었다. 또한 안동 김씨 세도의 본거지가 인사동이었다고 한다. 일본의 주도 면밀한 지배 논리와 폭력 앞에 속수무책이었던 3.1운동 당시에 33인이 모인 장소가 이 곳에 있던 태화관이다. 즉, 독립만세운동의 본거지인 셈이다. 수없이 많은 독립 운동가들이 강제로 끌려가 고초를 당한 종로 경찰서도 인사동에 있었다. 일제 강점기에 인사동길은 당시의 고관대작들의 첩들이 즐겨 찾던 곳이기도 하다.

일제 강점기말부터 인사동에는 골동품 상가와 화랑이 들어서게 되었다. 1950년대에는 지금의 낙원상가 아파트 자리에 낙원시장이 있었고, 떡집 골목이 형성되었다. 이 때에 고급 한식당과 요정이 자리를 잡는다. 그 후 1970년대 들어오면서 현대적 화랑들이 속속 들어서고, 화랑이 모여들어 미술 문화 거리로 다시 태어나게 된다.

과거와 현재, 신구세대가 버무려진 공간, 서울시의 대표적인 문화공간이라고 불리는 인사동을 거닐다보면 음식을 배불리 먹고도 허기가 느껴지는 것처럼 헛헛함을 갖게 된다. 그것은 왜일까. 한국 전통의 아름다움을 느끼고자 잔뜩 기대를 해보지만, 거기엔 뭔가가 빠진 듯한 느낌을 받는다. 과거의 문화를 쭉 이어오면서 현대의 문화가 잘 연결된 것이 아니라, 그것을 묶어주는 연결고리가 끊긴 듯한 느낌이랄까. 전통의 멋스러움을 만끽하기 위해 거리를 걷다보면 외국 브랜드의 카페와 음식점들이 눈살을 찌푸리게 한다. 시끄러운 도시의 소음을 벗어나, 여기에서만이라도 대금 산조를 들으면서 풍류를 즐기고픈 마음은 사치스러운 생각일까.
하지만 사람들은 여전히 인사동으로 모여든다. 전통 찻집이라고 쓰여 있는 가게에 들어서면 창호지를 바른 창문과 오래된 나무 탁자들, 실내를 편안하게 만들어주는 가야금 산조의 가락이 흘러나와 인사동의 멋을 즐길 수 있게 해준다.

꼬불꼬불한 골목길을 다니다보면 이 집 저 집에서 풍겨 나오는 음식 냄새가 사람들을 유혹한다. 인사동을 찾는 사람들은 음식도 전통적인 것을 찾는다. 한옥집을 개조하여 만든 음식점에 들어서자 안에는 사람들이 가득 차있다. 그 통로 한 쪽엔 양념으로 버무린 게장이 산더미처럼 쌓여 있다. 넥타이 부대인 직장인들이 동동주에 파전을 시켜놓고 주인을 부른다. "아줌마, 그거... 하나주세요." 그러면 주인은 큰 그릇 위에 하나 가득 게장을 담아 가져온다. 사람들은 풍류를 즐기며, 어머니가 해준 고향의 맛을 느끼며 음식을 즐긴다.

바쁜 현대인을 위해 패스트푸드가 나왔지만, 웰빙에 관심을 갖고 있는 요즘은 슬로우푸드가 인기다. 시간이 오래 걸린다고 하여 슬로우푸드라고 한다. 그것의 대표적인 음식은 우리의 된장과 고추장 등 오랜 숙성을 거쳐야 제 맛을 느끼는 음식이 아닐까. 오래된 장맛처럼 이 곳의 게장은 깊은 맛을 느끼게 해준다. 정성스럽게 만들어 오랜 시간을 숙성시켜서인지 게의 속살이 입에서 살살 녹는다. 여기에 이 집에서 빚어낸 동동주를 한 잔 들이키면 세상 온갖 시름을 잊을 수 있다. 옆 테이블에서 떠들어대는 시끄러운 사람들의 소음도 정자에 앉아 편안하게 술을 마시며 느긋하게 시를 읊는 선비들의 시조 소리로 들린다. 여기저기에서 '아줌마'를 찾아대는 사람들처럼 나도 끼여서 소리친다. "아줌마... 여기... 게장좀 더 주세요." 다시 식탁에는 맛스러운 게장이 내 입맛을 돋우며 놓여진다.

인사동에 유명한 전통 찻집도 많고, 전통 술집이라고 하여 주막과 같은 분위기를 느끼는 집도 많지만, 내가 자주 가는 찻집이 있다. 수도약국을 끼고 골목길을 가다 보면 '귀천'이라는 간판이 보인다. 지금은 고인이 된 천상병 시인의 미망인인 목순옥 여사가 만든 곳으로 좁은 실내엔 옛날 다방식 탁자와 소파가 놓여 있고, 그곳에 모여든 사람들은 비좁은 공간 때문에 어쩔 수 없이 합석을 하게 된다. 천상병 시인의 사진과 시와 그림들이 빼곡이 벽을 장식하고 있다. 국화 꽃잎을 띄운 국화차 내음에 흠뻑 취하면서 그의 사진을 보고 있자니 평소에 좋아하는 〈귀천〉이라는 시가 떠오른다.

> 나 하늘로 돌아가리라.
> 새벽빛 와 닿으면 스러지는
> 이슬 더불어 손에 손을 잡고
>
> 나 하늘로 돌아가리라.
> 노을빛 함께 단 둘이서
> 기슭에서 놀다가 구름 손짓 하며는.
>
> 나 하늘로 돌아가리라.
> 아름다운 이 세상 소풍 끝내는 날,
> 가서, 아름다웠더라고 말하리라.

언제 들어도 가슴을 뛰게 만드는 시다. 문단의 '마지막 순수시인', '마지막 기인(奇人)'이라 불렸던 것처럼 파란만장한 생애가 시 한편에 고스란히 묻어난다.

인사동 거리에서는 꽃, 화병, 탁자, 전통공예물 등도 시민들을 유혹한다.

인사동 거리 여기저기에서 시민들을 유혹한다. 그 종류도 다양하다. 전통 공예점, 고미술점, 현대미술점, 고서점, 필방, 전통찻집, 한과점, 한식당, 요정, 싸구려 민속품, 포장마차, 좌판 등등. 하지만, 인사동에 어울리지 않는 것들이 더욱 더 판을 치고 있다. 인사동에는 새롭게 나타난 국적 불명의 문화가 전통의 기존 문화를 집어삼키면서 공격하는 것처럼 보인다.

인사동 옆에 서울의 대표적 흉물인 낙원 상가가 나타난다. 개발 시대의 유산인 낙원 상가는 주변 도시 환경과는 전혀 어울리지 않는다. 이 부근은 인사동과는 특히 이질적인 도시의 모습이라고나 할까. 빠른 시간 내에 새로운 모습으로 다시 탄생해야 할 것이다.

낙원상가 설계안은 그 당시 장안이 시끄러울 정도로 사람들에게 호평을 받았다고 한다. 여기서 "도시 설계가가 상 받은 것은 좋은데 상 받은 건물은 주변 환경과 동떨어져 있다." 라는 뜻의 "Who cares about design awards?" 라는 말이 떠오른다. 이는 건물 자체의 가치와 건물 주변의 도시 환경의 가치 사이에 커다란 괴리가 있음을 말하는 것이다.

낙원 상가 오른편에 운현궁이 나타난다. 이 운현궁은 대원군의 사가로서 고종이 출생하여 12세까지 성장한 곳이다. 이 곳에서 대원군은 서원 철폐, 경복궁 중건 사업을 추진했다. 1882년(고종 19년) 임오군란 때는 이 곳에서 청군에 납치되기도 하였다. 운현궁에는 정원이 잘 보전되어 있고, 안 뜰에는 아직도 고종이 소년 시절에 오르던 노송이 남아 있다.

자동차가 판을 치는 인사동 거리는 시민들이 인사동에 대한 매력을 잃게 하는 근원이 되고 있다. 자동차들이 거리를 거의 다 차지하 내 곁을 한달음에 처버려 거리를 감상할 여유조차 주지 않고 있다. 자동차만이 힘을 과시하는 거리가 삭막하고 황량하게 느껴질 뿐이다. 물론 주말에는 자동차가 없는 거리가 되지만, 평일에도 그렇게 되기를 바란다. 이 거리를 보면 도시계획에는 건축이나 교통 이전에 인간의 삶의 양식에 대한 철학이 담겨 있어야 한다는 것을 가르쳐주고 있다. 이제 거리의 전통과 역사, 그리고 개성이 몰각된 도시계획은 이제 그만 집어 치우자.

인사동을 빠져 나오면서 그래도 뭔가 우리의 것을 지키려는 젊은이들을 만나게 된다. 1922년에 개관하여 만파회, 토월회, 민중 극단 등의 연극 단체들이 공연을 했고, 1936년에 화재로 소실된 조선 극장터 앞에서 젊은 화가들이 시민들을 끌어 모으고 있다. 거리 한편에서 화가들이 전통화인 수묵화로 시민의 얼굴을 그리며 인사동의 명맥을 유지하고 있다. 잔뜩 긴장하여 모델이 된 한 여인은 자신의 초상화가 완성되자, 붉게 물든 얼굴 사이로 함박웃음을 짓는다. 수묵화로 완성된 초상화는 흔히 볼 수 있는 초상화가 아니라 그런지 더 멋스럽게 느껴진다.

그래도 이런 젊은이들이 있기에 인사동엔 희망이 보인다. 하지만 아직은 멀었다. 외국인들뿐만 아니라 우리의 젊은이들에게 아름다운 문화유산을 남겨주기 위해서는 우리 전통의 꽃이 시들어가는 것을 막아야한다. 그래서 인사동을 서울의 역사적인 거리, 문화가 숨쉬는 거리로 다시 만들어야 한다.

인사동 거리 돌 위에 앉은 젊은 남녀. 젊은이들에게도 인사동의 아름다운 유산을 남겨야 한다.

청계천의
새숨결보다
더 아름다운 게
무엇이리

清溪川

청
계
천

강가에서 들려오는 사람들의 재잘거림, 회사간부와 직원, 노인과 아이 간의 만남, 삼삼오오 산책 나온 사람들, 강변의 풍경이 이처럼 다양한 모습으로 끊임없이 이어진다면. 도시는 이처럼 생로병사의 자연적 과정과 사회가 만나는 접촉공간이다. 그런데 청계천의 근대사를 보면 도시의 전통적 가치의 해체, 도시가 갖고 있는 신화의 말살, 문화유산에 대한 파괴가 과거에 대한 철저한 망각 속에 진행되어 온 공간임을 알 수 있다. 그래서 시민들이 살아가면서 접한 청계천은 흉한 몰골이 될 수밖에 없었다. 청계천은 개발독재시대에 생겨난 서울의 '총체적인 재난'이었다. 도시경관이 인간생존을 빌미로 철저하게 파괴되어 온 현장 중에 하나였다.

그래서 우리는 일생동안 감정과 사색을 함께 나누고, 풍요롭게 해주는 영혼의 도시를 찾아 헤매는지 모른다. 도시계획은 지금까지 밝은 곳만을 대상으로 해왔다. 그런데 도시의 삶과 공간에는 밝은 만큼 어두운 면도 많다. 콘크리트로 덮인 청계

청계천의 복원된 다리모습, 이런 다리도 있었으면 하는 마음으로

청계천이 시작하는 지점의 물이 흘러나오는 모습을 기다리며

천 속과 그 주변은 지금까지 도시의 어두운 구석이었다. 계획의 상상력과 철학을 깨닫는다는 것은 가장 깊은 어둠 또는 고통 속에서 가능한 일이다. 이런 관점에서 '청계천 복원'의 철학은 우리 도시가 어디에서 흘러왔고, 어디로 흘러가는지에 대한 방향을 분명히 보여주고 있는 것이다.

1930년대에 나온 박태원의 〈천변풍경〉(1936)이란 소설을 통해 당시 청계천의 모습을 연상해 보자.

> 갈가이 부는 천변 바람이 제법 쌀쌀하기는 하나,
> 그래도 이 곳 빨래터에는 대낮의 볕도 잘들어,
> 물속에 담근 빨래꾼들의 손도 과히 시립지는 않은 모양이다.

소설가의 눈에는 청계천변에서 벌어지는 서민들의 삶이 신기하고 아름답게 보인 모양이다. 시간은 우리의 정겨운 모습들을 사라지게하고, 도시화는 도시의 정경을 무너뜨리고 서울의 얼굴을 뒤바꿔 놓았다. 도심을 흐르는 청계천은 1958년부터 1978년까지 20년 동안의 복개공사를 거쳐 콘크리트로 덮였다. 청계천을 도로로 덮어 자동차 통로로 만들고, 그것도 모자라 그 위에 자동차 전용도로를 얹은 것이다.

물에는 내수와 외수가 있는데, 내수는 청계천이고 외수는 한강을 말한다. 내수가 있어야 하는 이유는 명당자리의 나쁜 기운을 모두 실어 외수 쪽으로 뿜어내기 때문이다. 사실 청계천의 원래 규모는 작은 하천이었다. 그런데 토사의 퇴적이 심하고 민가에서 흘러나오는 더러운 물로 매우 불결했던 모양이다. 그래서 조선 초에 석축을 쌓는 등 공사를 했다는 기록이 남아 있다. 청계천은 정릉천이 됐다가 한양대 앞에서 중랑천과 합류하여 한강으로 빠져 나간다. 어느 도시를 둘러보아도 우리의 한강처럼 아름다운 강을 끼고 있는 곳이 드물다. 이 한강이 청계천과 어우러져 태극 형상을 띠고 있기 때문에 풍수지리상으로 서울이 더더욱 명당이라고 말한다.

지금 장충단에 있는 수표교는 예전 청계천 2가에 있던 다리다. 원래는 나무로 만들었는데, 세종 때 개천 공사를 하면서 돌로 바뀌었다. 원래의 이름은 물의 높이를 나타낸다는 뜻의 수표교가 아니라, 근처에 소나 말을 파는 시장이 있었기 때문에 마전교(馬廛橋)라고 불렸다. 그러다 다리 옆에 수표를 세우면서 이름이 수표교로 바뀌었다. 500여 년 동안 그 자리를 굳건히 지키던 수표교는 1959년 청계천 복개 공사의 시작으로 세검정의 신영동으로 이전했다가, 1965년 장충단으로 옮기게 된

아름다운 수포교 본래의 자태

다. 수표교의 이전과 함께 그 옆에 서 있는 수표석까지 함께 이리저리 옮겨 다닌다. 수표교는 개성에 있는 선죽교를 본떠서 만들었기에 개성에 가지 않아도 선죽교의 모습을 볼 수 있다. 이 다리는 우리나라 돌 중에서 가장 흔한 화강암으로 만들어졌다. 화강암을 깎아 짜맞추어 만든 것으로 연꽃 봉우리와 연잎을 생각나게 하는 난간은 보기만 해도 그 아름다움에 절로 탄성이 나온다.

오래된 역사를 지닌 수표교에 얽힌 일화는 너무도 많지만, 그 중 왕의 영희전 행차와 다리밟기 행사를 소개한다. 영희전은 왕의 영정이 모셔져 있어 오속일(설날, 한식, 단오, 추석, 동지)에 임금이 직접 행차하여 속제를 드려야만 했다. 이 곳에 가기 위해서는 수표교를 건너야했는데, 창덕궁을 나와 수표교를 건너가는 거둥 행

청계천 다리와 산책나온 시민들이 어우러진 모습

렬이 장관을 이루었다고 한다. 또한 수표교 밟기는 오래된 세시 풍속으로, 정월 대보름에 자기 나이 만큼 다리를 밟으면 그 해에 자신의 다리에 병이 나지 않을 뿐만 아니라 재앙을 막을 수 있다고 했다. 그래서 정월 대보름이면 모여든 사람들 때문에 북새통을 이루었다고 한다. 양반들은 사람들의 눈을 피해 하루 전날에 다리를 밟았다고 전해진다. 이제 수표교도 원래 자신의 자리로 돌아가 사람들이 다리를 밟아주기를 얼마나 기다리고 있을까.

청계천에 물이 흐른다는 사실을 사람들은 알았을까? 개발에 의해 도시 내 동산이 하루아침에 날아가는 것을 보고 "그 산이 정말 거기 있었을까" 하고 한숨을 지은 적이 있었다. 개발시대의 불도져는 폭발적인 힘을 지닌다. 눈앞의 모든 것들이 자고나면 없어지곤 했기 때문이다.

청계천의 복원사업으로 "그 천이 정말 거기 있었을까"라는 의문이 우리 눈앞에서 확인되는 순간이다. 우리는 청계천 밑에 물이 흐른다는 사실을 까맣게 잊고 수십 년의 세월을 살아 온 것이다. 콘크리트 속의 썩은 하천을 떠올리면서, 어떻게 이토록 망각하며 살아왔을까 하는 생각에 우울해진다. 우리의 가장 약한 치부를 까놓고 노출시키기를 꺼려서일까? 싫건 좋건 간에 그것도 우리의 자화상인 것을…

군사 정권에서는 도시의 고가도로, 대형 건물 등이 그들 정권의 기념비적인 업적으로 치부된다. 어느 도시 시설물이건 세계 최대, 동양 최대가 되는 것이 그들의 바람이다. 그것이 권위주의적 정권이 바라보는 도시관이다. 청계천 고가도로와 청계로도 이런 맥락에서 해석되어야 한다.

청계천의 '비무당교' 다리와 주변 풍경을 그리며

청계천 복원 사업은 권위주의적인 모습을 벗기 위한 커다란 움직임이다. 도시의 경관을 개선하는 방법에는 혁신(renovation), 재건(reconstruction), 개선(reclamation), 복원(restoration) 등이 있으나 청계천은 과거의 모습을 재현시킨다는 의미에서 복원이란 말이 적합하다. 청계천 복원은 도시 경관을 복원한다는 뜻에서 문화유산과 전통적 요소를 살리는 작업이다. 이는 과거에 대한 향수와 우리 것 찾기에 관심을 보이기 시작한 시민들의 문화의식과 맥을 같이한다.

청계천과 같은 도심 하천이 복원되면 도심이 재활성화(gentrification)되는 계기를 맞을 수 있다. 북미, 유럽, 호주의 주요 도시에서 요즘 재활성화 현상이 폭넓게 일어나고 있다. 젊은 중산층인 전문직 종사자들과 저렴한 작업공간을 추구하는 예술가뿐 아니라 도심의 고용기회, 그리고 대중교통의 접근성을 원하는 사람들이 주된 재활성자(gentrifier)로 확인되었다.

청계천은 노인들에게는 판자촌, 빨래터, 탁한 개울, 미역감던 천, 헌 책방, 골목 안의 선술집 등으로 기억된다. 하지만 젊은 층에게는 전자상가, 동대문 상가, 패션타운, 황학동 풍물시장 등의 모습으로 남아 있다. 특히 청계천은 모든 기계와 탱크도 만들 수 있다는 갖가지 부품들이 즐비하게 있던 청계 3,4가를 비롯하여 대부분 낙후되었지만 나름대로 서울의 명물로 자리하고 있었다. 특히 황학동 도깨비시장은 골동품으로 유명하다. 일요일마다 열리는 벼룩시장엔 신기한 물건이 많아, 나 또한 자주 애용하곤 했었다. 몇십 년 전의 축음기, 군에서 사용하던 나팔, 아프리카에서 막 건너온 듯한 북, 가지가지 없는 게 없다. 이 곳의 별미인 천원짜리 가락국수를 먹고 물건들을 둘러보다 보면 어느새 다시 시장해진다. 그러면 곱창 골목으로 유명한 황학동 먹자골목에서 얼큰한 곱창 볶음에 소주 한잔을 곁들인다. 도심에서 느끼는 색다른 맛이 시민들을 즐겁게 해주곤 했다.

청계천 복원사업이 발표되자 청계천 상인들은 하루아침에 삶의 터전을 잃어버린 망연자실함에 거리로 뛰쳐나와 시위를 벌였다. 하지만 청계천의 명물은 다른 곳으로 이전하여 시민들을 욕구를 충족시킬 수 있을 것이다. 대신 우리의 미래인 어린 청소년들에게는 청계천은 물고기가 노닐고, 잔디와 나무들이 시원한 그늘을 만들

'맑은 내 다리'와 숲이 우거진 청계천을 기대하며

어주며, 근사한 다리들이 그 자태를 뽐내며, 아기자기한 천변 카페가 자리 잡은 이미지로 다가갈 것이다.

내버렸던 개울이 생명의 공간으로 되살아나는 '청계천 살리기사업'으로 인해 이미 광교에서 청계9가 신답 철교까지 이어지는 5.68km 길이의 청계 고가가 헐렸고, 조만간 광화문 동아일보 사옥 바로 앞부터 수심 40cm의 청계천이 새롭게 탄생된다. 잊혀졌던 천, 내버렸던 개울이 생명의 공간으로 하나하나 되살아나고 있는 것이다. 고가 도로와 콘크리트로 상징되던 청계천이 우리 앞에 다시 알몸을 드러내고 있다. "꽃과 물고기가 있는 청계천, 그 꿈이 이루어집니다."라는 현수막의 구호가 실현될 날도 머지않은 것이다.

청계천 복원 사업은 도시에 인간성, 생태성, 생명성이라는 새로운 도시 정책 패러다임을 입히는 작업이다. 유르세나의 주장처럼.

> 도시를 만든다는 것은 도시의 환경과 조화를 이룬다는 것이다. 그 작업은 도시라는 경관 속에 인간성이라는 흔적을 남기는 것이기도 하다. 또, 도시의 생명이기도 한 점진적 변화를 제공하는 일이다.
> - 마르그리뜨 유르세나, 〈하드리아누스 황제의 추상〉에서

서울의 중심에 청계천이 없어지면서 도시 고속도로에 의해 관통되어 도시 경관이 지금까지 파괴되었던 일은 안타까운 일이었다. 청계천복원으로 인해 도심부는 새롭게 태어나야 한다. 위트(Whyte)라는 도시 계획가의 말처럼.

> 그러나 희망은 있다. 나는 도심이 살아나리라 생각한다. 중심성이 얼마나 중요한 지, 사람들이 행동으로 보여주고 있기 때문에 도심은 유지될 수 있을 것이다. 거리에서 일어나는 각종 행사와 만남, 아쉬워하는 헤어짐, 담소, 이런 것들은 결코 사소한 것들이 아니다. 이것들은 가장 강력한 충동 가운데 하나다. 바로 중심을 향한 충동이기 때문이다.
> - William Whyte, 〈City : Rediscovering City Center〉에서

지금부터 우리에게 펼쳐질 청계천의 모습은 예사롭지가 않을 것이다. 동아일보사 앞에서 청계천을 바라보면 지금까지와는 전혀 다른 세계가 펼쳐질 것이다. 도도히 흐르는 천, 양쪽 옆으로 펼쳐진 잔디와 나무들, 그리고 주변의 특색있는 빌딩들,

청계천에 작은 배도 띄우고

다리들이 풀어내는 고즈넉한 분위기, 천변을 따라 걷고 대화하는 시민들, 자전거를 타는 사람들, 가슴 벅찬 감동이 절로 나올 것이다.

복원 후 깨어나 생기를 찾는 모습을 그린 김금래의 〈청계천에 오면〉이란 시가 가슴을 휘감는다.

> 싱싱한 아침을 드립니다. 낮은 곳을
> 흐르는 노동이었다가 높은 곳에 숨쉬는
> 희망까지 이마를 비비며 함께 사는 곳
> 청계천에 오면.

...석양만한 철판에 소주잔이 익어가는
곱창집은 고단한 저녁들을 불러 앉힙니다.
눈시울 뜨끈한 외침이 살아 있는 곳.
청계천에 오면,
떠날 줄 모르고 꿈을 파는 사람이 있습니다.
샛길 같은 물줄기 돌아와 회색빛 도심을
푸르른 생기로 돌 박음질하는,
청계천에 오면,
내 휘파람 소리는 덤으로 드립니다.

문화가 살아 숨쉬는 새로운 청계천을 기다린다. 우리도 이제 콘크리트 속에 갇혀 있던 썩은 시냇물을 살리는 수준에 이르렀으니 이 얼마나 축복해야 할 일인가. 바로 이런 일 하나가 시민들에게 자부심을 심어주는 것이다. 죽어가던 하천을 살린다는 취지 자체도 중요하지만, '환경을 다스릴 줄 아는 시민'이란 보다 상징적 의미가 여러 면에서 매우 큰 것이다. 과거의 정부가 해놓은 일이 없이 비틀거려왔던 것에는 여러 가지 원인이 있겠지만 우리가 지향해야 할 바람직한 도시가 어떤 것인가에 대한 기본적인 철학이 불분명했던 것이 중요한 이유 중 하나다. 그래서 청계천복원은 도시 정책을 세우는 사람들이 어떤 역사적 의식과 목표를 가지고 있어야 하는지를 깊이 생각하게 해준다.

햇볕에 여울지는 청계천의 물비늘, 바람결에 몸을 내맡긴 사람들, 후두둑 날아오르는 새들, 옛날을 옮겨 놓은 석축다리, 나뭇잎의 움직임처럼 허허로운 시민들의 정겨운 모습. 이런 삶과 문화가 살아 숨쉬는 생명 공간의 새로운 청계천을 기다리는 내 마음은 이미 뜨겁게 타오르고 있다.

달콤한
황혼이
번지는
다국적동네
明洞

명동

우리의 심연을 끝없이 파고드는 거리. 함축적이면서도 복합적인 다양한 볼거리와 먹거리를 제공하는 거리, 명동. 무료함에서 벗어나고픈 사람이라면 명동을 한 바퀴 돌아보면 어떨까.
가을 햇살이 높은 빌딩 사이를 곡예하듯 비춘다. 조그만 햇살 한 조각이 내 눈에 나타나는가 싶더니 마술처럼 사라진다. 명동은 그렇게 빌딩 숲에 둘러싸여 있다.

나는 오전 10시쯤 명동 거리를 거닌다. 아침이라 사람들이 많지 않을 거라는 내 예상은 바로 빗나간다. 삼삼오오 무리지어 다니는 젊은 여자들이 여기저기 눈에 띈다. "출근을 안 한건가? 아님, 단체로 쇼핑을 나왔나…" 내 의문은 그들이 입을 열자 바로 풀렸다. 일본에서 온 관광객이었다. 관광안내소에 있는 가이드북을 보면서 명동을 돌아다니는 여성들도 보인다. 한 쪽에선 소풍 나온 유치원생처럼 가이드를 둘러싸고 있는 중국 사람들도 보인다. 이제 명동은 다국적 거리가 되어 낯

다국적 거리가 되어 낯선 언어로 가득찬 명동거리

선 언어들로 가득하다. 그래서인지 명동의 상가들은 외래어 간판이 많다. 식당들은 아예 한글 메뉴 옆에 크게 일본어와 중국어로 메뉴가 쓰여 있다. 이제 명동 상인들에게 관광객은 이미 큰 고객이 되었기 때문이다.

명동은 조선 초기에는 한성부의 명례방, 훈도방에 속해 있었다. 이 곳이 명례방이라 불린 것은 이 곳 인근에 명례궁이란 궁집이 있었기 때문이라 한다. 일제 강점기에는 명치정으로 불렸었다. 그 후 1946년 밝은 마을, 밝은 고을이라는 뜻으로 명동으로 바뀌게 된다. 조선시대의 명동은 대부분 주택지였고, 일부 상가가 섞여 있었다. 일제 강점기에는 지금의 충무로인 본정이 서울의 중심상업지로서 자리를 잡았다. 이 당시 본정은 품격과 엄청난 일본 문화를 뽐내던 동네였다. 명동은 충무로의 후광을 입고 전쟁 후에 상업지역으로 부각된 곳이다.

1894년에 폰 헤세 바텍이라는 독일인이 쓴 〈조선의 여름여행〉이란 견문기에는 "지구상에서 외국 여행객이 묵을 수 없는 국가의 수도는 서울밖에 없을 것"이라고 폄하하고 있다. 폐쇄적인 도시, 못사는 도시였기에 이런 지적이 나왔으리라. 이 당시 서울의 중심인 명동조차 집들과 신작로가 있는 일개 촌락에 지나지 않았다. 일본인이 들어오면서 이곳에 관공서와 상가가 생기기 시작했다. 그러니 명동거리의 전통적인 이미지는 일제강점기 시대에 생겼다고나 할까? 그 후 전통은 사라지고 빛을 잃는다.
해방이 되면서 얼마간 남아 있던 명동의 흔적은 6.25를 겪으면서 심하게 부서진다. 전쟁이 끝나자 재건의 깃발아래 명동도 복구가 되지만 군사 정권이 들어선 뒤로는 옛 모습을 찾기가 힘들어졌다.

명동의 빌딩군에 내려앉은 햇살 조각

현재의 명동 일대에는 조선은행(현 한국은행), 미오코시 백화점 경성지점 등이 있어서 서울의 상업과 정치의 중심지 역할을 했다. 메이지쵸(明治町)는 조선 최고의 번화가로서 양품점과 카페가 즐비하게 들어서 있었다. 명동의 동측에는 명동성당이 있고, 명동 서측에는 중앙우체국, 중국대사관 등의 건물이 자리 잡았다. 지금은 모든 것이 많이도 변해 있다. 먼저 중앙우체국은 한참 신축공사 중이다. 조용필이 부른 〈서울 서울 서울〉에 나오는 우체국이 바로 이 중앙우체국이다.

"베고니아 화분이 놓인 우체국 계단… 어딘가에 엽서를 보내는 그녀의 고운 손…" 서울을 테마로 부른 이 노래는 많은 사람들에게 알려져 있는 노래이기도 하다. 지금은 신축중이라 베고니아 화분을 볼 수는 없지만, 공사가 끝나면 볼 수 있을 지도 모르겠다.

또한 중국대사관은 현재 광화문의 교보빌딩으로 이전했지만, 그 곳의 건물은 한국 한성화교 소학교의 건물로 쓰이고 있다. 이 곳이 화교들의 차이나타운이라는 것을 말해주는 한 예라고 볼 수 있다. 아직도 이 근처에는 전통 있는 중국음식점이 꽤 많이 있다. 나도 가끔 회식을 하거나 친구들을 만날 때 이 곳을 찾는다. 비좁은 통로를 따라 올라가면, 거의 빨간 색으로 인테리어된 홀이 나온다. 음식 맛은 한국인의 식성에 맞게 만들어졌지만, 그래도 여전히 중국의 자금성을 바라보며 먹는 느낌이 든다. 이 곳엔 중국 번역사들도 많다. 번역사와 중국 전통 공예품을 파는 가게에는 중국 여행사도 눈에 띈다. 여행사 벽에는 '중국 결혼 수속' 이라는 안내 문구가 씌어 있다. 아마도 중국 교포들과 한국 늦깎이 청년들의 결혼을 중개하는 업무가 이 곳의 주 업무인 까닭은 아닐까.

한국은행은 예전에도 아름다운 모습이었다. 일제시대에 전차가 지나가는 조선은행 앞을 당시 일본인들은 '조선은행 앞 광장' 이라고 불렀다. 〈경성 명소 이야기〉라는 책에서 이 부근을 다음과 같이 소개했다.

> 남대문을 통과하여 아카시아 가로수의 보도를 따라 조선은행 앞 광장으로 향했다. 2천 평쯤일까... 그 이상일지도 모른다. 삼각형에 가까운 광장이었다. 정면의 한 쪽을 차지하고 있는 것은, 지나가면서도 보이는데 메이지색(明治色)이 풍부한 빨간 벽돌의 중앙 우편국이다. 좌측의 한 쪽은 화강암을 쌓아올린 장중한 영국풍의 조선은행 본점이다.

한국은행은 르네상스양식의 석조 건물이다. 6.25 전쟁 때 원형이 크게 손상되었다가 1956년 미국의 지원으로 임시 복원 되었다. 그러다 1987년 복원 공사에 착수하여 1989년 완전 복원하였다.

불도저와 시멘트로 무장한 개발 이데올로기는 명동의 오래된 문화의 제거를 통해 새로운 시대를 개막하기에 이른다. 명동의 '현실과 환상'이 '현재와 과거'와 자주 겹치거나 뒤섞이는 것은 명동의 잔재가 우리 기억 속에 끝없이 뻗어 있기 때문이다. 1950년대와 60년대의 명동은 '예술과 낭만의 사랑방', '한국의 헐리우드', '멋쟁이 문인들의 안식처'로 6.25전쟁 이후 많은 문인과 화가, 음악가들이 몰려들어 시대의 고통과 시름을 달래던 곳이었다. 이들의 절규와 각오는 큰 울림으로 멀리까지 퍼져 나갔다.
60년대부터 명동도 서울시 도심 재개발이라는 도시 정책의 영향을 받게 된다. 비로소 명동이 탈바꿈하는 시기에 접어들게 된 것이다. 그런데 옛것은 온데간데 없고 현대식 건물과 백화점, 양장점, 쇼핑센터들이 속속 들어선다.
명동 주변에 도시 환경과 결코 조화되지 못하는 빌딩군들이 마치 섬을 이루듯 들어서기 시작했다. 이 때부터 시민들은 명동 거리를 걸으면서 아름다운 남산을 보지 못하게 되었다. 당초 명동 재개발 계획에는 주변 환경에 대한 고려가 되지 않았기 때문이다. 명동을 설계할 때, 나무만 보고 숲은 보지 않았던 것이다.

명동의 넓이는 서울 운동장보다 작은 $0.99km^2$(약 3만평)에 불과하다. 그 구역은 코스모스 플라자(현 아바타몰)에서 명동성당까지 뻗은 300m 길이의 동서 가로인 중앙로와 퇴계로 명동역 입구에서 을지로 입구까지 남북으로 길게 뻗은 300m 정도의 패션 거리를 포함한다. 명동이 젊은 층을 위한 패션, 영화, 쇼핑, 주점 거리임을 적나라하게 묘사한 글을 보자.

> 빌딩의 나무들은 자라서 숲을 이루어 하늘을 덮고 있다. 밤이면 밤마다 밀림의 숲 속에서 젊음이 노래하는 별빛 하나 지상의 어둠을 밝히고 있다. 명동은 서울의 다이아몬드. 톡톡 튀면서 참나무 숯처럼 그렇게 불타고 있다.
> – 이한용, 〈명동, 2000〉에서

명동성당의 뿌리는 조선의 선조 시대로 거슬러 올라간다. 1597년(선조 30년) 명나라 장수 양호가 보신각종을 명례동(지금의 명동) 언덕 위에 옮겨 놓게 하고 그 언덕 위에서 서울 도심을 향해 종소리가 울려 퍼지게 하였다고 한다. 이 언덕을 종현(鐘峴)이라고 불렀다.

이 곳은 우리에게 잘 알려진 고산 윤선도가 살았던 집터가 있던 곳이기도 하다. 고산은 〈오우가〉라는 시조를 통해서 많이 알려진 조선의 유명한 선비다. 그는 여덟살이 되던 해에 명례방에 있는 북달재 큰집 양자로 들어와 이 곳에서 자랐고, 많은 여생을 이 집에서 살았다. 고산은 서른 살인 광해군 때 악정을 주도하는 이이첨 일당의 죄상을 신랄하게 규탄하면서 유배 생활을 시작한다. 그는 귀향살이를 하면서도 자연에 귀의하여 시조를 읊을 정도로 풍류를 즐기며 살았던 인물이기도 하다.

그래서인지 이 곳엔 아직도 노래 소리가 끊이질 않는다. 나는 이 곳을 올라가면 생각나는 노래가 있다. 수와 진의 '파초'. 10여 년 전부터 이름 없는 쌍둥이 가수가 날마다 이 앞에서 노래를 불렀었다. 그들은 비가 오나 눈이 오나, 이 곳에서 노래

옛것들은 온데간데 없고 현대식 건물, 쇼핑센터 등만 있는 명동거리

를 부르며 불우 이웃을 돕기 위해 그들의 맑은 목소리와 멋진 화음을 명동에 울려 퍼지게 했다. 그런 그들의 노래 실력은 가요제를 통해 가수로서 데뷔하기에 이른다. 나도 노랫말이 좋아 가끔 따라 부르기도 했다. 유명세를 탔음에도 불구하고, 명동성당 앞에선 그들의 생생한 음악을 들을 수 있었다. 형이 교통사고를 당해서 의식을 잃고 누워 있는 와중에도 동생은 비를 맞으며 이 곳에서 노래를 불렀다. 언덕길을 오를 때마다 그들의 노래가 자꾸 머리 속에 떠오르는 것은 어쩌면 그들의 질곡어린 삶 때문은 아닐까.

명동성당은 우리나라 개화시기의 대표적 성당 건물이다. 명동성당은 프랑스 신부 고의선의 설계로 1894년 공사를 시작해서 1989년에 완공되었다. 이 곳은 벽돌로 지은 우리나라 최초의 교회당이었다. 순수한 고딕식 구조로 평면 라틴 십자형 삼랑식으로 지은 이 성당은, 그 당시 벽돌을 미장할 기술자가 없던 터라 중국의 벽돌공과 미장이를 데려와 지었다고 한다.

이 곳은 시대를 초월하는 인간적 삶을 대변해 주는 것 같다. 명동성당의 역사는 어제의 역사로 사라지는 것이 아니라, 여전히 이데올로기의 섬처럼 굳건하게 우리를 지키고 있다. 이 곳은 역사이면서도 또한 물처럼 흘러가 버리는 일상이기도 하다. 유신독재 등에 항거하는 민주 인사들의 집회와 농성, 그리고 피신과 안식 장소였던 명동성당, 그 역사의 체취를 느껴본다. 아직도 명동성당 입구에는 외국인 노동자들의 농성을 위한 천막이 한쪽에 나란히 있다. 코리안 드림을 꿈꾸며 머나먼 길을 달려온 그들이 자신들의 생존권을 위해 싸우는 모습을 보면서 인간의 존엄성이 사라져버린 현실에 안타까움을 느낀다.

좁은 명동의 골목길까지 다 돌아다니다보니 허기가 진다. 이 곳은 번듯하게 생긴

명동성당 첨탑에 세월의 흔적이 남아있다.

음식점보다 오랫동안 사람들의 입에서 입으로 소문난 장소가 여러 개 있다. 지금은 체인점까지 차린 빨개면이 그 중 하나다. 아무리 추운 겨울이라도 온 몸이 금새 뜨거워져, 땀으로 뒤범벅이 된다. 비좁은 가게 안에 앉을 자리가 없는 사람은 서서라도 먹는다. 가게 앞에는 주문을 하고 자리가 나길 기다리는 직장인과 학생들로 가득 찼다.

명동은 추억의 장소다. 이 곳엔 클래식을 마음껏 들을 수 있는 다방도 있었고, 전 세계를 열광 속으로 몰아넣었던 비틀즈 노래 등을 즐기던 락 음악 매니아들을 위한 다방도 있었다. 이 곳엔 머리를 기르고, 목에 스카프를 맨, 이른바 여성들의 인기를 한 몸에 받은 DJ들이 활보하던 장소였다. 지금은 촌스럽고, 우스꽝스러운 모습이었지만, 그 당시에는 모든 남성들의 질투의 대상이기도 했었다.

명동을 거닐다보면 돌아가고픈 추억들이 발길을 재촉한다. 나뿐만 아니라, 많은 사람들이 명동에 추억을 만들고, 또 추억을 곱씹고자 이 곳을 찾는다. 지금은 빌딩 속에 갇혀진 추억일지언정 먼 훗날엔 어떤 모습으로 기억될까. 그래도 아름다웠던 과거라고 생각하면서 사람들은 백발이 성성해서도 이 곳을 찾지는 않을는지.

과거 클래식 음악다방을 기억하면서

역사, 예술
푸르름이
함께하는
삶의현장
忠武路
南山

충 남
무 산
로 골

우리나라 영화 산업을 50년 동안이나 이끌어온 충무로. 지금은 제작사들이 강남에 자리를 잡은 까닭에 많은 영화인들이 충무로를 떠났다. 하지만 길이 빛날 우리 영화인들의 혼은 아직도 이곳을 꿋꿋이 지키고 있다. 수많은 영화를 만들며 1960-70년대 영화의 전성기를 이끌었던 충무로. 튼튼한 뿌리가 뒷받침해 주지 않았던들 지금의 한국 영화가 세계에서 인정받을 수 있었을까.

충무로는 우리나라 영화산업의 메카로, 충무로가 서울에 있기에 오늘날 영화의 본고장으로 성장할 수 있었을 것이다. 영화인들은 충무로에서 '한 건 하기'를 열망하고 있다. 그만큼 서울이 모든 도시 기능의 중심이 된 것이다. 그래서 말은 태어나면 제주도로 보내고, 사람은 태어나면 서울로 보내라는 얘기가 나온 것은 아닐까. 이 전통은 한양이 도읍지로 선정된 이후 지금까지 면면히 흘러오고 있다. 19세기 후반의 비숍에게 비친 서울의 모습을 한 번 들어보자.

> 어떤 의미에서 서울은 곧 한국이다. 어떠한 국가적 생활도 오직 이 수도에만 존재한다. 서울은 정부가 위치한 곳일 뿐만 아니라 공직 생활의 중심이며 관리로 등용되는 유일한 길인 과거 시험이 치루어지는 곳이기도 하다. 사람들은 서울에서 무엇인가를 '한 건 건지기'를 바라고 있다. 서울은 나라의 상업적 중심이다. 모든 한국인의 마음은 서울에 있다.
> - 비숍, 〈한국과 그 이웃 나라들〉에서

얼마전 베니스영화제에서 〈빈집〉으로 감독상을 받은 김기덕 감독은 수상하러 나가기 전에 〈하류 인생〉으로 경쟁부문에 진출한 임권택 감독에게 존경심에 우러나는 악수를 청했다. 그리고는 수상 소감에서 "제가 지금 인사를 드린 분이 한국 영화계에서 가장 존경 받고 가장 오랫동안 영화를 만드신 임권택 감독님이십니다."라고 말해 객석에서 우뢰와 같은 박수를 받았다.

그의 말처럼 임권택 감독은 충무로의 살아있는 신화다. 10대부터 영화계의 밥을 먹으면서 그 혹독한 도제 수업을 완벽하게 치뤄 낸 그는 수많은 영화를 만들며 한국 영화의 자존심을 지켰다. 그 후, 〈서편제〉라는 감동어린 작품을 통해 한국인의 혼을 이끌어내며 거장으로 자리매김하고 있다. 아직도 그는 "내 영화 인생은 끝나지 않았으며 지금도 진행 중이다."라는 말과 함께 진정 영화와 같이하는 영화인의 열정적인 삶을 보여주고 있다. 어디 그 뿐이겠는가. 그와 같이 오랫동안 아름다운 영상을 만들어낸 정일성 촬영감독은 영화에 대한 열정으로 암을 이겨낸 인물이다. "어떻게든 촬영장에 다시 가고 싶었습니다. 나는 죽어도 카메라를 잡고 촬영을 하다 죽을 생각이었습니다." 그는 암 말기라는 사형 선고를 받고도 다시 카메라를 잡았고, 그의 영화를 위한 투혼은 카메라가 만들어낸 것이 아닌 그의 예술 혼이 빚어낸 감동적인 영상을 선물하기에 이른다.

지금은 작고한 김기영 감독의 영화는 오랜 시간이 흘렀지만, 아직도 국제 영화제에서 회고전이 열리는 등 그의 영화 인생은 계속 이어지고 있다. 한국의 대표적인 네오리얼리즘 작가로, 컬트 무비의 대명사로 일컬어지는 김기영 감독은 시대를 앞서간 사람 중 하나였다. 그의 작품은 몇 십 년이 지난 것이라고 보기 힘들 정도로 섬세한 심리 묘사와 시대의 암울함을 냉철하게 보여주고 있다. 그의 작품 〈화녀〉에 출연했던 배우 윤여정이 한 영화제의 수상 소감에서 "저를 배우가 되게 만들어주신 김기영 감독님께 이 상을 바칩니다." 했던 것처럼 많은 영화배우들에게 혹독하리만치 어려운 심리 묘사를 요구하며 그들을 최고의 배우로 만든 감독. 그 시대 배우들은 김기영 감독의 영화에 출연하는 것을 자랑스럽게 생각했다. 그만큼 어려운 일이었지만

서울의 대표적 애견센터 거리인 충무로의 강아지 모습

필동에서 남산으로 오르는 길목

배우로서는 영광이었기 때문이다.

지금도 충무로에 남아 있는 다방을 보면 그가 베레모를 눌러쓰고 희뿌연 담배 연기에 쌓여 영화에 대한 얘기를 나눌 것 같은 착각이 든다.

이 곳에서 5분 정도 떨어진 곳에 위치한 한국시나리오작가협회에는 한국 영화의 탄탄한 시나리오를 만들면서 평생을 산 작가들이 아직도 예술 혼에 불타 시나리오 집필을 하는 모습을 볼 수 있다.

그들은 또한 후진 양성에 힘을 쏟으며 '영상작가교육원'을 설립하여 해마다 훌륭한 시나리오를 만드는 작가들을 배출시키고 있다. 이것이 바로 충무로의 힘이며, 이곳이 바로 세계적으로 인정받는 한국 영화의 메카인 것이다.

조선이 개국과 함께 한양으로 천도할 때 가장 중요하게 생각했던 것이 풍수지리였다. 우리가 예전부터 명당자리라고 하는 곳엔 영웅들이 태어났다. 아마도 그 훌륭한 정기가 그들의 영혼을 아름답고 훌륭하게 만들었기 때문은 아닐까.

남산 필동에서 시작되는 마르내(乾川)는 풍수지리상 명당이라고 일컬어진다. 남산 1호 터널에서 시작하는 마르내는 필동을 가로질러 중앙대 부속병원 앞 로터리를 거쳐 명보극장과 인현동을 꿰뚫고 흘렀다. 지금도 복개된 마르내를 따라 도로가 나 있다. 그 마르내를 따라 단종 때의 영의정인 정인지, 세조 때의 양성지와 대학자 김수온, 선조 때 영의정인 노수신, 홍길동의 허균, 하늘이 내린 정승이라 일컬어지던 유성룡 등 학식이 뛰어나고 인품이 훌륭한 조정의 대신들이 태어났다.

그 중 요즘 텔리비전에 〈불멸의 영웅 이순신〉이라는 드라마의 주인공인 충무공 또한 바로 마르냇가에서 태어나 자랐다. 그는 이 마르냇가에서 유성룡과 원균을 형님이라고 부르며 호탕한 기질과 품성을 닦았다. 후에 권문세가의 사람들이 충무공을 사위 삼으려 할 때, 그는 벼슬길에 나와 권문에 의탁하여 출세를 도모하는 것을 거절했다. 그런 그의 성품이 마르내의 호탕한 정기가 아니고 무엇이랴.

마르내길을 따라 걸으며 지금은 한국의 집으로 알려진 사육신 박팽년의 집으로 향한다. 충무로 한복판에 위치한 그 곳은 사람들에게 전통 혼례와 외국인의 접대 장소로 유명하다. 평일이라 그런지 사람들의 인적이 드문 이 곳에서는 시끄러운 차소리와 사람들의 소리와는 뚝 떨어져 마치 산 속에 있는 듯 느껴진다. 연못이 있는 정자 옆, 돌계단을 오르니 박팽년이 심었다는 소나무가 하늘을 닿을 듯 높이 솟아 있다. 그가 순절한 다음 이 나무를 육신송이라 불렀다. 어린 조카 단종의 왕위를

풍수지리상 명당이라고 일컫는 '마르내' 길과 주변

남산 한옥마을의 한옥과 연못이 과거를 재현해 주고 있다

찬탈한 세조에 저항하면서 단종의 복위를 음모한 죄로 처참한 죽음을 당한 그가 손수 심었던 나무이기 때문이다. 그의 충절과 꼿꼿한 절개가 소나무 한 그루에 그득하게 전해져 옷깃을 여미게 만든다. 소나무를 바라보며 권력 앞에서 굽힐 줄 모르는 그의 절개와 곧은 심성이 발길을 잡아 끄는 듯 그 자리를 떠날 수가 없었다.

한참을 소나무와 그가 만든 집을 둘러보다 그 옆에 자리한 남산골로 향한다. 남산 길에서 보는 서울의 빌딩들은 서로 어깨를 스치며 아찔하게 솟아 있다. 가을의 햇살을 받으며 들어가는 남산골에는 많은 관광객과 알록달록한 한복을 차려입은 유치원생들이 줄지어 다닌다. 넓은 연못과 그 옆에 자리한 정자에는 노인들과 젊은 남녀가 앉아 시원한 가을바람을 맞으며 옛 정취에 흠뻑 취해 있다.
비둘기 떼도 지붕 위에서 편안하게 휴식을 취하며 남산을 올려다보고 있다. 탁 트인 야외 공연장에서는 놀이 한마당이 펼쳐지고 있다. 사람들은 여기 저기 정자에 앉아 박수를 치며 환호한다. 새로운 문화를 호기심에 찬 얼굴로 바라보는 외국인들도 눈에 띈다. 그들의 환호하는 모습에서 우리 것에 대한 자부심을 느끼며 어깨가 으쓱해진다.

서울시는 1998년 4월 8일 이 고을에 서울지역의 사대부의 삶과 건축양식을 한 곳에서 느낄 수 있는 한옥마을을 복원하여 세상에 선보인다. 한옥마을의 정문에 들어가면 상징건물인 천우각이 나타난다. 천우각 앞을 지나면 전통공예품으로 치장된 순정효황후 윤비 친가, 그 뒤에는 해풍 부원군 윤택영 재실이 있다. 이 가옥은 조선조 부원군 윤택영이 그의 딸 윤황후가 동궁에 들어갈 때 지은 집으로 전해진다. 서울 8대가 중에 하나였던 부마도위 박영효 가옥을 원래 동대문에 있던 것을 복원하여 이리로 옮긴 것이다. 박영효 가옥 오른쪽에는 조선조 말기 오위장을 지낸 김춘영이 지은 가옥이 삼청동에서 이전하여 이 곳에 자리 잡고 있다. 'ㄷ'자형 안채에 'ㅡ'자형 사랑채를 연결시킨 가옥 구조를 보이고 있다. 이 밖에 도편수인 이승업의 가옥도 사람들의 시선을 끌고 있다.

복원된 한옥마을은 인위적인 느낌이 들기도 하지만 세월이 흐를수록 이곳에서 자리잡아 갈 것으로 기대된다. 훗날에는 사람들의 가슴을 뭉클하게 만드는 옛 모습을 보여줄 수 있으리라. 정자에 올라가니 도시계획가 까밀로 지테의 말이 떠오른다.

> 오래된 도시와 거리는 예술적 감흥에 무감각한 사람들에게도
> 어떤 특별한 매료감에 휩싸이게 한다.

연못 주위에 들어선 한옥들이 연못 물결의 포말이 되어 방문객들의 눈을 사로잡는다. 넋을 잃고 이 마을 구석구석을 살피고 있는 동안 불현듯 '남산골 샌님'의 외모와 옷차림이 떠오르는 듯하다. 이희승의 〈딸각발이〉에 나오는 주인공인 남산골샌님이 오늘날에도 강한 의미로 다가온다. 그래서인지 이 곳엔 이희승 선생의 추모비가 양지 바른 곳에 세워져 있다.

조선시대에는 청계천 북쪽은 북촌, 남쪽은 남촌으로 구분되었는데, 북촌은 권세 있는 귀족이 살았고, 남촌은 관직에 오르지 못한 양반들이 모여서 살았던 곳이었다. 남산 계곡에 사는 이들을 '남산골 샌님' 또는 '남산골 딸각발이'이라고 불렀는데 이는 과거에 합격하지 못해 가난하기는 하지만 불의와 타협하지 않고, 돈이나 출세에 연연하지 않는 사람들을 말할 때 자연스레 나오는 말이었다.

한 여름의 남산을 오르는 숲속길에서

남산골 선비 중에 존경 할만한 분이 있다. 그는 성종이 가장 아꼈던 정승 손순효다. 그는 초정을 남산 밑에 싯고 못을 파서 연꽃을 심고서 날마다 후생을 가르치는 데 여생을 즐겼다. 그의 청빈함이 드러나는 얘기는 너무도 많지만, 그 중 한 일화를 소개한다. 성종이 경복궁 경회루에 올라 남산을 바라보니 산 둔덕나무 사이로 사람이 둘러앉아 있는 것이 보였다. 임금은 둘러 있는 사람 가운데 손순효가 끼여 있을 것이라 생각하고 확인해 보라고 시켰다. 과연 그는 참외 하나만을 안주 삼아 두 손님과 탁주를 마시고 있었다. 임금은 그에게 술상을 차려 갖다 주라고 시켰다. 임금의 신하를 아끼는 마음과 소탕하고 청렴한 그의 모습을 말해주는 일화라 생각된다. 술을 좋아한 그는 죽기 전 부인에게 비석은 세우지 말고, 평생 좋아한 소주 한 병만 곁에 묻어달라는 말을 한다. 그리고 책 한 권을 끼고 남산 초정의 돌계단을 두시니 빈 오르내리고는 숨을 서둔다.

남산골 샌님의 정신적 지주는 역시 청백리인 손순효라 할 수 있다. 그의 청렴하고 고고한 정신이 후세에도 전해지면서, 이 곳의 선비들을 남산골 샌님이라고 부른 것은 아닐까.
남산골 샌님에 젖어 언덕배기를 오르니 백발이 성성한 할머니가 비닐봉지에 잔뜩 나물을 캐서 내려온다. 비닐봉지 안에는 민들레며 씀바귀가 하나 가득 들어있다. "이런 거를 먹어야 사람속이 맑아 진다우. 사람이 발을 딛고 다니는 데는 다 있는데… 사람들이… 그냥 지나쳐서 모른다우." 할머니는 내게 비닐봉지를 내밀며 냄새를 맡아보라고 한다. 비닐봉지 속에 얼굴을 디밀자 그 안에는 산 내음이 가득하다.

한옥마을은 여러 모습으로 사람들에게 다가온다. 신비스러운 모양으로 나타나기도 하고, 역사의 영화와 울분이 낱낱이 노출되어 비춰지기도 한다. 어떨 때 보면 움직이지 않는 우아함으로 우리에게 다가오고, 그 우아함은 어떤 기다림처럼 정지해 있는 것 같다. 남산골은 조선시대부터 현재까지, 낮은 속삭임에서 때로는 분노에 찬 외침으로 서울의 역사의 흔적을 바라보고 있는 듯 하다. 수 백 년의 세월을 옮겨다 놓은 한옥 마을과 남산이 이루어내는 풍광, 그리고 어린 학생들의 천진하고 호기심어린 눈빛은 나에게 좀처럼 잊을 수 없는 여운으로 남아있다.

공간의 색깔은
변했어도 여전히
전통의 무게를
고스란히
담아내는 동네

南大門路

남대문로

도심 한복판, 시청 앞 광장의 잔디밭과 시청 건물의 현수막이 묘한 풍광을 자아낸다. 잔디밭은 사람들로 붐비고 저마다 즐거운 표정이다. 사람들은 모처럼 시민에게 주어진 광장을 즐기듯 들떠있다. 발걸음은 이내 남대문로로 향한다. 자동차가 내뿜는 매연가스로 하늘이 온통 잿빛이다. 남대문로는 시청 앞에서 들뜬 나의 마음을 착잡하게 만든다. 그만큼 이 거리는 활력이 없는 것일까. 저 멀리 빌딩 숲 속으로 숭례문이 뿌연 태를 두른 채 나타난다. 종로 2가부터 광교를 거쳐 을지로입구역을 지나 명동 입구에서 소공로 교차지점까지의 길이 2km의 남대문로. 남대문로는 한양으로 천도한 이후 500여 년 동안 광화문 – 종로 – 종각 – 남대문을 잇는 주요한 간선도로로 자리매김해왔다.

오리가 태어나서 처음 본 것을 어미라고 여기듯 서울 시민들 중에는 어릴 적부터 서울이라는 회색 도시를 엄마라고 생각하며 살아 온 사람들도 있으리라. 도시는

비오는날 명동입구에서 남대문로 방향으로 걸어가는 시민들

각자 도시가 지닌 독특한 색깔이 있다. 서울은 찰스 디킨스의 〈두 도시 이야기〉에서 작가에게 비친 회색의 파리와는 다르다. 파리는 그 당시 폭력과 광기가 난무하는 회색 도시였지만, 지금의 서울은 자동차와 어색한 고층 빌딩만 난무하는 회색 도시로 변해 버렸다. 1960년대부터 줄기차게 진행되어 온 서울 도심의 도시화 프로젝트는 도시 공간을 순식간에 잿빛으로 만들어 버렸다. 옛 것이 없어지고, 새로운 것들이 들어오는 순환의 연속이었다. 이 과정에서 도시의 색깔마저도 변해 버린 것이다. 하지만 우리에게 남대문 근방의 기억은 생생하다. 기억은 공간이라는 장소성이 없으면 살아나지 않는다. 그래서 세르토는 장소는 영혼을 불러낸다고 하지 않았던가.

> 기억은 우리를 그 장소에 얽어맨다. 한 장소에 영혼을
> 부여하는 것은 기억이다. 조용히 숨겨진 많은 영혼들이
> 장소마다 덮고 있다. 사람들이 영혼을 불러낼 수 있든
> 그렇지 못하든, 영혼이 출몰하는 장소에만 사람들은
> 살아갈 수 있다. 이러한 영혼들은 조각나 있을 수도
> 있지만 우리가 보는 것 이상을 말하지 않는다.
> 이것은 아직 잠자고 있는 인식이다. 알고 있지만 드러나지
> 않는 것의 암시만이 너와 나 사이에서 비밀스럽게 통용될뿐이다.
> - 미셀 드 세르토, 〈도시 속에서 걷기〉에서

조선시대의 칠패시장은 봉래동 일대였다. 그 칠패시장이 지금의 남대문시장까지 확대된 것이다. 칠패시장은 도성의 정문인 남대문 바로 옆에 인접해 있고, 용산, 마포, 서강과 물화를 연결시키기 좋은 지역이었다. 본디 칠패란 말은 어영청이라는 군영의 7패 관할구역이라는 의미에서 유래되었다.

회색하늘 속의 빌딩군과 남대문로

현재 남대문이 위치한 남창동은 본래 창골 또는 창동이라고 불렀었다. 그 이유는 쌀을 보관하던 선혜청의 창고가 있었기 때문이다. 조정에서는 농민들에게서 거둔 쌀(세금)을 이 곳에 보관했다가 관리(공무원)들에게 월급으로 지급하였다. 월급을 받은 공무원들은 남창동 주변에 생긴 노점상에서 옷, 어물, 채소로 바꾸어 갔는데, 이 때부터 상가가 형성되기 시작했다. 남창동 일대에서는 다양한 물건이 거래되면서 근대의 남대문 시장의 토대가 이루어지는 계기가 되었다. 서울 사람들은 남대문 시장을 '센창시장' 이라고 불렀는데, 이는 선혜청의 창고에서 유래된 말이다.

남대문은 친일파였던 송병준에 의해 근대적 시장으로 태어난다. 시민들은 친일파가 운영하는 남대문시장을 가급적이면 회피하였다고 한다. 그래서인지 일제 말기 남대문시장의 점포는 200 여개에 불과하였으니 이곳은 죽은 시장이나 다름없었다.

지금의 남대문시장은 도깨비시장이라고 불린다. 도깨비가 가지고 다니는 신기한 요술방망이처럼 남대문시장엔 없는 게 없다는 의미이기도 하고, 밤이면 불야성을 이루는 새벽시장이 마치 도깨비의 불놀이와도 같다고 해서 붙여진 이름이다. 새벽시장 쇼핑의 백미는 뭐니뭐니해도 먹거리를 들 수 있다. 남대문시장에는 새벽에 일하는 상인들을 상대로 온갖 먹거리가 생겨났다. 그 중에서도 사람들에게 최고로 인기 있는 음식은 고향의 깊은 맛을 느끼게하는 갈치조림이다. 문구 도매 상가가 즐비하게 있는 숭례문상가 골목 안에 있는 식당에선 구수하고 칼칼한 갈치조림 냄새가 사람들을 유혹한다. 허름한 식당 안엔 새벽이지만, 발 디딜 틈이 없다. 무를 큼직하게 썰어 고춧가루와 간장으로 얼큰하게 만든 국물에 싱싱한 갈치를 토막 내서 넣고 끓이면 비린내는 감쪽같이 사라지고, 이내 군침이 도는 구수한 냄새에 숟가락을 들고 달려들게 만든다. 그 옛날, 어머니가 집에서 해준 갈치조림의 맛을 떠

남대문에 위치한 '광동관' *(서울시 기념물 19호)*

올리며 자주 먹으러 온다는 한 중년 남자는 땀을 뻘뻘 흘려가며 금새 밥 한 그릇을 비운다. 나 또한 갈치의 속살을 뚝 떼서 밥에 얹어 먹는다. 카... 그 맛이 정말 기가 막히다. 여기에 소주 한 잔이면 어떤 산해진미도 부럽지가 않다.

남대문에 별미가 또 하나 있다. 비가 오는 날이면 회현역에서 남대문시장의 대로 쪽으로 걸어오다가 왼쪽 골목에 즐비하게 있는 손칼국수와 손수제비집들이 사람들의 발걸음을 끌어 모은다. 반죽하여 크게 썰은 면발에 시원한 육수를 부어 양념장을 뿌려 먹는 칼국수는 남대문시장의 대표 먹거리다. 시원하고 따뜻한 국물이 그리워지는 날이면 남대문시장의 좁은 탁자 위에서 김이 모락모락 나는 칼국수를 후루룩 냠냠 땀을 흘려가며 먹고 싶은 충동을 느낀다.

남대문시장에 오면 도시는 사람이 모여 이룬다는 말을 실감하게 된다. 다양한 사람들이 모여 사는 곳이 도시이다. 그래서 러스킨(Ruskin)은 일찍이 도시에서 사람의 중요성을 인식했던가.

> *당신에게 있어서 모든 새벽이 인생의 시작이 되고,*
> *모든 일몰은 인생의 마감이 되게 하라. 도시에 대해서*
> *"어떠한 모습의 건물들이 이 곳에 있는 지 보아라."라고*
> *말하기보다는 "어떠한 모습의 사람들이 도시에*
> *살고 있는지를 보아라."라고 해야 할 것이다.*

남대문 새벽시장에서 가장 많이 팔린 물건은 역시 의류였다. 하지만 동대문에 거대한 상권이 형성되면서 남대문 상인들은 동대문으로 옮겨간다. 그래서인지 남대문시장엔 패션 일번지라는 말이 무색할 정도로 의류매장이 썰렁하다. 한 상인은 남대문과 동대문에 점포를 가지고 있지만, 현재 남대문의 매출이 동대문의 절반도 안 된다며 남대문 점포를 철수한다고 한다. 다른 물건들도 마찬가지로 호황을 누리던 예전에 비해 매출이 많이 줄어 상인들은 울상을 짓는다.

하지만 여전히 호황을 누리는 업종이 있다. 일본 관광객을 상대로 일본인들이 좋아한다는 김을 파는 상가다. 일본 관광객의 필수 관광코스가 되어버린 남대문시장. 그래서인지 이 곳의 상인들은 간단한 일본어로 관광객에게 호객 행위를 하며 장사를 한다. 얼마 전 뉴스를 통해 남대문 상인들의 얕은 상술이 보도된 바 있다. 싸구려 김을 최고급 김으로 속여 비싼 가격에 일본인들에게 판 것이 들통 나, 지금은 그들에게 외면을 당하고 있다는 얘기였다. 눈앞의 이익에만 급급한 상인들의 얕은 상술이 빚어낸 국제적 망신이 아닐 수 없다.

한때 전차가 다녔던 남대문로(20세기 초반)

남대문로를 비롯한 서울의 도심은 많은 질곡을 겪었다. 도시 공간이 제멋대로 구조가 뒤틀리면서, 주변과 어우러지지 않는 부조화의 극치를 낳은 것이다. 도보와 우마차에 의한 인간 중심의 거리가 인간을 배려하지 않은 자동차 중심의 도로로 바뀌면서 도시의 풍경도 많이 달라졌다. 남대문로에도 8차로의 큼직한 도로가 나고, 도심 재개발에 의해 높은 빌딩들이 우후죽순 들어섰다. 남대문로 역시 도심 여느 도로와 마찬가지로 썰렁하다. 사람의 향기는 오간데 없고, 콘크리트와 아스팔트 냄새만이 지나가는 사람들을 뒤덮는다.

이런 꼴사나운 도시를 그대로 두어서는 안 된다는 시민의식 덕분에 서울 도심은 시대의 변화를 담기위한 몸부림을 계속하고 있다. 마치 서울은 '도시성의 회복' 이라는 태풍의 중심에 서 있다고나 할까. 이를 도시문화의 전환이라고 불러도 좋다. 청계천복원, 강북 뉴타운개발, 시청 앞 광장 조성 등이 대표적인 것들이다. 그래서 강남과 강북으로 차별화되었던 공간구조의 경계가 허물어지고, 생명, 환경, 축제, 정체성, 균형개발, 문화라는 변화의 에너지가 폭발하고 있는 것이다.

남대문로라는 도시 축에는 롯데백화점, 신세계백화점 등의 대형 백화점들과 남대문시장이라는 도매시장이 공존하고 있어서 상업지구의 기능이 강하게 자리 잡고 있다. 그리고 한국은행, 조흥은행, 우리은행 등 주요 시중은행들이 남대문로에 집중해 있어서 서울의 대표적인 금융거리로도 꼽힌다.

오가는 차량으로 둘러 쌓여 사람들로부터 철저하게 격리되어 있는 숭례문의 모습이 황량하기 짝이 없다. 14-15세기에는 들락날락하는 사람들로 문전성시를 이루던 숭례문. 지방 사람들과 마포나루를 통해 장사하던 상인들이 문을 통해 도성으로 드나들었다. 우리 역사의 원천이자 문화 양식을 대변하는 숭례문. 사람들이 드나들도록 낸 문을 '사람 접근 불허 지구'로 만들어 놓았으니 한심한 일이 아닐 수 없다. 발전이라는 허울 좋은 명분 아래 숭례문은 오늘도 그 문의 역할을 다하지 못한 채 그대로 늙어가고 있다.
숭례문을 사람들에게 되돌려주려면 숭례문 주변을 보행 중심 도로로 만드는 길 밖에 없다. 우선 숭례문을 둘러싼 공간을 광장으로 만든 다음, 8-10차로의 남대문로를 대폭 줄여 절반은 보행자 전용공간으로 만들고, 나머지 공간을 대중교통 위주

야간조명을 받아 찬란한 숭례문

의 차로로 이용하게끔 하는 것도 하나의 돌파구일 수 있다. 이렇게 되면 숭례문 주변 어디에서도 횡단보도 한 두 개만 지나면 숭례문 광장에 닿을 수 있다. 남대문시장에 가기 위해 지하보도를 오르락내리락해서 길을 건너던 시민들의 불편도 사라질 수 있게 된다. 이렇게 해야만 숭례문 주변의 경관도 아름다워진다.

도시는 아름다워야 한다. 그래야 시민들의 감성과 예술이 살아 숨쉴 수 있다. 예술과 감성은 사상을 낳는다. 그런데, 회색 도시밖에 모르고 그것밖에 본 적이 없는 단세포적 감성이 지배해 온 시민들에게서 어떤 좋은 사고와 사상이 나오기를 기대할 수 있겠는가. 우리는 도시라면 희뿌연 공해로 찌들은 하늘과 도심을 달리는 자동차들, 콘크리트 건물로 둘러싸여 있는 줄 안다. 자유롭게 사고하고 감성을 느끼도록 도시 경관을 잘 가꾸어 놓은 도시. 이것이 도시계획의 지향이고 목표여야 한다. 누구나가 숭례문 앞에 기대서서 차 한 잔을 마시며 남산을 바라볼 수 있기를 바란다. 그래야만 과거 남대문로가 가지고 있던 정서도 살아나고, 서울 시민들의 감성도 살아나게 된다. 혼탁한 남대문로를 걸으면서 내 소망이 이루어질 날을 고대하며 나는 숭례문을 희망으로 바라본다.

아스라이
떠오르는
우리의추억이
머무는 곳

서울역

서울역

쓰린 가슴 위로 뜨거운 홍차 한잔을 집어넣으니, 속이 금새 상쾌해진다. 집을 빠져나와 서울역으로 향하는 내 마음은 어느 새 추억의 빗장을 열고 그 곳으로 달려간다. 서울역 하면 누구나 그렇듯 기차여행의 아련한 향수를 떠올린다. 나 또한 학창시절 수학여행을 가기 위해 난생처음 기차를 탔을 때의 추억이 떠오른다. 서울역에 모여 친구들과 들뜬 마음으로 줄을 서서 기차를 타고 플랫폼을 빠져나갈 때를 생각하면 지금도 가슴이 쿵쾅거리며 떨려온다. 사람들에게 기차는 그렇게 아름다운 추억의 편린으로 다가온다. 여기 어느 한 무명시인의 〈기차 여행〉이라는 시를 적어본다.

> 회색 도시 잦아드는 비 오는 날이면
> 밤으로 달리는 기차여행 떠나고 싶습니다
> 그렇게 생각 없이 이름 모를 간이역 찾아 밤으로 달려가고 싶습니다
> 수은등 불빛 반사되어 빗방울 닮은 젖은 우산

지방에서 서울로 올라오는 사람들을 맞이하는 야간의 서울역

> 깊은 눈으로 바라보는 고독한 중년
> 눈물 비 삭아 내리는 그날이 오면 아득한 아쉬움으로
> 밤으로 달리는 기차여행 떠나고 싶습니다

그렇게 어디로든 훌쩍 떠나는 기차 여행을 하기 위해서라도 사람들은 기차역으로 모여든다. 서울에 사는 사람들에게 서울역은 그렇게 향수 어린 공간이 되어 있다. 하지만 아침에 찾은 서울역은 바쁘게 돌아가는 대도시의 숨결을 느끼기 힘들다. 일본, 프랑스, 영국 등의 대도시의 중앙역에 가본 사람이면 노동과 생산을 위해 어디론가 떠나고 어디에선가 들어오는 시민들로 북새통을 이루는 모습을 기억할 것이다. 하지만 서울역은 중앙역답지 않게 조용하고 차분한 분위기를 보여준다. 사람들이 이 곳을 그다지 많이 이용하지 않는 것 같다. 서울의 관문인 서울역이 보여주는 눈빛은 그런 까닭에 쓸쓸하고 그늘져 보인다. 그래서 사람들은 서울역의 이미지를 슬프게 표현한 것인가.

> 서울역의 홈리스는 슬프다.
> 서울역의 군바리는 슬프다.
> 서울역의 아침은 슬프다.
> 서울역의 시골 촌놈은 슬프다.
> 서울역의 역사도 슬프다.

서울역과 같은 도시 시설은 시민들이 역사에 편리하게 접근할 수 있고, 만남의 장소로도 가능해야 하지 않는가? 그러나 서울역은 시민들의 왕래를 편하게 해주지도 못하고, 사람들이 즐겨 찾는 공간이 되지도 못하고 있다. 지하철에서 한참을 오르락내리락해야 나타나는 서울역 개찰구. 버스정류장에서 한없이 걸어가야만 나

옛 서울역의 모습을 캔버스에 담는 화가

오는 서울역사. 참으로 한심한 계획인 것이다. 이처럼 불편 투성이의 역이 시민들을 서울역으로부터 멀어지게 한 원인이다.

도시는 도시화가 진행되면 될수록 이처럼 불편하고 후미진 구석이 나타난다. 특히 역전 주변은 더 심하다. 루소가 파리에 와서 처음 마주친 것은 악취나는 더럽고 좁은 도로, 추한 집들, 불결한 사람들이었다. 그는 말한다. "대도시에서 가장 큰 문제는 사람이 그 본래의 모습과 별개의 것이 되는 것, 사회가 사람들에게 자신의 존재와 다른 존재가 되도록 만든다는 것이다." 그래서 그는 파리를 떠나기로 했다.

"파리여 안녕! 명성과 흙탕이 공존하는 도시여! 나는 가능한 한 파리에서 멀리 떨어져 가리라"라고.

그래서 도시민들은 대도시가 싫어서 전원도시로 가려고 하는가 보다. 과거 중국에서는 도시의 병폐를 피해 전원에서 생활하는 사람이 있었다. 중국에서는 죽림칠현(竹林七賢)으로 대표되는 전원생활에 대한 동경이 일찍부터 나타났다. 사람들은 문제투성이의 도시에서 잃어버린 '도원경'을 동경해 왔다. 서양의 근대적인 '전원도시'는 영국의 하워드(Haword)란 도시계획가에 의해 제안된다. 빅토리아 시대인 1880-98년 사이에 그는 인구 및 고용의 상당 부분을 거대 도시의 슬럼과 스모그, 높은 지가로부터 떨어진 도시 외곽(또는 농촌)에 건설하자고 주장한다. 하워드는 지금의 전원도시, 신도시 계획과 개발에 커다란 정신적 지주가 되었다.

서울역이란 지역은 남대문시장 그리고 칠패시장과 무관하지 않다. 이들 시장의 영향권 속에 있었다고나 할까. 용산을 중심으로 이루어진 일본인 거주지가 충무로까지 확산되자 서울역 주변도 발전되었다. 경인선 철도가 생기면서 서울역이 설치되자 이 지역의 인구가 급속히 늘어나게 된다. 1899년 경인철도합자회사가 경인 철도를 착공한 후 1900년 한강 철도 개설로 서울 – 인천 간 철로가 개통되었다.
1904년에 경부선 개통과 함께 서울역이 나타난다. 르네상스 양식으로서 중앙에 비잔틴풍의 돔을 얹은 큰 홀을 두고, 좌우에 큰 그릴을 두었다. 외벽은 석재와 벽돌을 섞어서 만들었다.

서울역에서 남대문로 쪽으로 바라본 거리

나는 서울역에서 남산을 가로막고 서 있는 대우빌딩을 바라본다. 서울역 앞에 병풍처럼 서있는 꼴불견의 대우빌딩은 차라리 지어지지 말았어야 했다. 이 대우빌딩 부지에는 서울역 광장의 일부분으로서 광장과 공원이 들어서야만 했다. 그래야만 서울역이 여러 교통수단이 환승하는 공간이 되고, 시민들이 즐기는 광장과 공원이 되는 것이다. 교통수단 간에 갈아타기가 쉬워지면 보행거리가 짧아져 그만큼 시민들이 혜택을 보게 된다. 만약에 대우빌딩 부지까지 서울역 광장으로 확보되었다면 남대문까지의 길이 서울의 명물로 자리했을 것이다. 실로 애석한 일이 아닐 수 없다.

이런 서울역의 탄생 배경을 보자. 1900년 7월 8일 한강철교 준공이 되자마자 서울역은 남대문역이란 이름을 달고 태어난다. 이 당시 황량한 역 앞 빈터에는 수레, 가마, 인력거와 지게꾼들이 열차 손님들의 짐을 날라주었다. 1915년 10월에는 역사가 크게 증축되고, 그 이름을 경성역이라 부르게 된다. 도쿄대 건축과 교수인 스카모토 야스시가 설계한 경성역은 그 규모는 도쿄역, 외관은 오사카시 중앙공회당, 기능은 핀란드의 헬싱키역과 유사하게 설계되었다. 이 당시 경성역은 도쿄역과 더불어 동양 2대 건축물로서 자리를 잡았다. 7만여 평의 대지위에 657평으로 세워진 경성역은 붉은 벽돌과 화강석을 갈아 섞은 프리클래식기법으로 네오바로크식 돔을 얹어 만들어졌다. 1946년 5월 미군정이 '남한의 철도 및 부대사업 일체를 국유화한다'는 시행령을 정함에 따라 경성역은 한국정부에 이관된다. 역의 명칭도 1947년 1월 서울역으로 바뀌었다.

서울의 북두성과 같은 서울역. 하루하루 살아가는 시민들의 모습과 함께 살아가는 서울역. 그래서 이곳의 하늘에는 사연도 많고 한도 많다. 서울역은 자신 나름대로

서울역 민자역사 식당가 앞에 놓인 화병과 꽃

애환을 가지고 있다. 서울역은 침략, 영광, 추억, 항쟁, 그리움, 비참, 질곡의 역사와 함께 하고 있다. 한마디로 서울역은 우리에게 지난 100년간의 역사의 숨결을 느끼게 한다. 서울역은 뭇사람들에게 '당신은 어디에서 왔느냐?', '당신은 어디로 가느냐?'를 물으며 살아왔다. 지금도 여전히 많은 사람들이 이 곳을 거쳐서 간다. 서울역 광장은 징집대상자로 끌려가던 곳, 해방의 감격을 국민들이 함께 나누던 곳, 1980년 반정부 데모 때 항쟁하던 곳 등 정치적 사건과 그 괘를 같이 하면서 흘러왔다. 우리의 현대사에 있어서는 정치투쟁의 거점, 거리정치의 공간이 되어왔다. 정치 문화의 특수성이 반영된 장소라고나 할까. 그래서 서울역은 폭압적 지배 권력에 대한 저항 운동의 장소로서도 시민들에게 각인되고 있다.

1989년 서울역은 민자역사로 다시 꾸며진다. 식당가, 백화점, 오락시설, 화랑까지 들어선다. 민간 자본이 스며드니 상점들이 역을 지배하게 되는 것은 당연한 일이다. 상업주의에 의해 진정한 환승역으로서의 철도역 계획은 무시되고, 오늘날과 같이 상업기능이 부각된 역이 탄생된 것이다. 자본의 잠식이라는 메커니즘이 서울역을 송두리째 삼켜버린 것이다. 상업기능만 있지 역사 기능은 뒷전으로 밀려난 역으로 전락한 것이다. 서울역과 같이 중요한 도시의 공공시설은 어떤 가치로도 그 고유한 기능이 상처 입어서는 안 된다.

서울역엔 언제부터인가 노숙자들과 범죄가 들끓는 범죄의 온상이 되고 있다. 바로 길 건너에 있는 남대문 경찰서엔 이런 범죄자들이 끊이질 않고 있다. 서울로 상경한 사람들을 인신매매하는 범죄자와 서울역 지하철 보도에서 구걸하는 걸인들이 시민들의 눈살을 찌푸리게 만든다. 하지만 서울역 광장엔 매주 화요일과 목요일에

1980년대까지 서울역에서 전국으로 운행하던 기차

노숙자들을 위해 무료 점심을 제공하는 온정의 손길이 있어 마음을 따뜻하게 해준다. 용산 쉼터 선교회의 최성원 목사가 바로 그 주인공이다. 최 목사처럼 많은 사람들이 희망을 잃고 살아가는 노숙자들을 위해 오늘도 서울역 광장 앞에서 봉사를 하고 있다.

명절이 되면 서울역 광장엔 선물 꾸러미를 양 손에 들고 고향으로 향하는 사람들로 붐빈다. 그들에게 서울역은 고향으로 가는 천국의 계단이 된다. 지방에서 서울로 상경하여 힘들게 사는 사람들에게 고향으로 갈 수 있는 통로이자, 희망의 장소가 되는 것이다. 그래서 서울역은 우리들의 향수를 자극하는 원천이 된다. 그래서인지 서울역은 어머니의 품처럼 따뜻하게 자리하고 있다.

하지만 정작 가슴을 울리는 아름다운 추억은 서울역의 복잡하고 잘못된 구조로 인해 금새 사라진다. 시민들이 편리하게 접근할 수 있도록 만들어졌다면 얼마나 더 아름다운 공간이 되었을까. 결국 서울역은 시민과 '가까이하기엔 너무 먼 당신'이 되어 끝없이 방황을 거듭하고 있다. 결국 잘못된 구조를 가진 서울역으로 인해 시민들만 피해를 보게 된다. 서울역이 '도시에서 첫 번째로 좋은 이미지를 주는 장소', '사랑에 빠진 장소', '개안을 주는 장소', '오고 가기가 편리한 장소' 등으로 거듭나기 위해서는 이 수많은 발길과 기나긴 철길을 관리하는 운영담당자들의 커다란 사고의 전환이 요구된다.

역사의파편을
추스리며
별을가슴에
안으려는땅
龍山

용
산
――

많은 사람들의 가슴 속에 아직도 빛바랜 추억이 살아 꿈틀거리는 용산역과 용산. 격동의 터널을 거쳐 온 도시. 용산은 주머니 속의 군밤처럼 은근하게 얼굴을 내밀고 말을 건낸다. 그 모습은 보는 이에 따라 아름다울 수도 있고, 잔인할 수도 있다. 고속철도역과 용산공원(미8군 이적지)이 환기시키는 장미빛 미래를 배경으로 하고 있기 때문인지 오늘 용산의 모습은 더 화려하고 원색적으로 보인다. 용산역의 모양새는 공항 청사를 연상케 할 정도로 화려하다. 역으로 올라가는 계단에는 시원스러운 분수가 형형색색의 조명을 받아 아름다운 경관을 자아낸다. 고속철도역으로 바뀐 용산역은 화려한 부활을 꿈꾸는 용산의 현재를 나타내고 있는 듯 보인다.

용산은 북으로는 유연한 모양의 남산 등줄기를, 남으로는 넓은 한강이 만나는 바로 그 지점에 둥지를 틀었다. 그래서 용산 사람들은 산과 강이 화려하게 뒤범벅되어 나타내는 풍수에 홀려서 살아 온 것이 아닌가.

비탈아래 강물이 잔잔히 흐르던 용산. 멀리 한강교가 보인다.

민자역사로 건설된 새로운 용산역의 모습

용산에서 바라본 한강, 서강대교, 아파트단지가 보인다.

용산에서 바라보는 풍광이 너무 아름다워 옛부터 밤섬의 지는 해, 동작나루로 돌아오는 돛배, 청계산의 아침 구름, 관악산의 저녁 안개 등을 용산 팔경이라 부르지 않았던가. 과거에는 용산에서 멀리 청계산과 관악산이 모두 보였다니, 그동안 도시화과정에서 얼마나 많은 고층 아파트와 빌딩들이 들어섰는가를 알 수 있다.

강물이 비탈 아래로 잔잔히 흐르고 그 가운데에 너벌섬(여의도)과 밤섬이 떠 있으며, 물 건너 남쪽으로는 관악산과 청계산이 한 폭의 산수화를 만들어 내었던 곳이 용산이다. 정약용의 '용산하일시' 라는 시에 묘사된 용산의 서정적 분위기 또한 누구라도 도취될만하다.

> *새남터(한강변 일대) 두른 수림에 돛단배 다 지났구나.*
> *동작나루에 해는 저물고,*
> *노들 서쪽 언덕엔 불빛이 그윽한데,*
> *밤섬 너머의 잔잔한 물결이 버들 그늘에 찰랑인다.*

산과 강이 늘상적으로 교감하는 곳이기에 용산은 역사적으로 환희와 절망을 감당해야 했다. 용산에는 국가가 저지른 일의 흔적이 한 웅큼씩 묻어난다. 치욕의 역사가 이 곳에서 벌어진 것이다. 용산은 백성수탈과 군의 보급 기지로는 최적의 장소였던가? 13세기 말 고려를 침략한 몽고군은 용산을 병참 기지화하였고, 임진왜란 때에는 왜군이 현재의 효창공원 부근에 보급 기지를 설치한다.

병자호란 때에는 청군이 주둔하여 군량미를 강제 징수한 곳이 용산이다. 지리적으로 유리하면서도 군사 전략적으로 우세한 용산이 거점도시로 태어나지 못한 것은 포구의 규모가 작고, 배후의 민가가 많지 않았기 때문일 것이다. 양화진을 개항장으로 만들려고 했으나 경성과의 거리가 멀어서 대신 용산을 점찍었던 것이다. 따라서 용산이 외세의 거점이 된 것은 1884년 개항장으로 지정되고부터이다.

용산에서 보는 것처럼 시민들의 삶이 도시의 역사와 깊게 연관되어 있음을 알 수 있다.

> 모든 도시에는 개성이 있으나, 모든 도시는 오랜 전통과 삶의 느낌들,
> 그리고 설명되지 않은 열망들로 이루어진 자신만의 영혼을 갖고 있다.
> - Aldo Rossi, 〈The Architecture of the City〉에서
>
> 건축가는 일종의 물질의 역사가로 보아야한다. 왜냐하면 그는
> 시대를 뛰어넘는 인간과 시설물의 관계들을 구축하기 때문이다.
> - Vincent Scully, 〈American Architecture and Urbanism〉에서

조선이 서서히 무너지고 이를 짓밟는 일본군의 군화 발자국이 용산에 심하게 들리기 시작한다. 우리 국민들 사이에는 이미 허무주의가 짙게 깔려 있던 시절. 1908년 일제는 용산에 조선사령부를 만들어 대륙침략의 교두보를 만든다. 청일전쟁과 러일전쟁에서 승리한 일본은 용산의 빈민촌을 헐고, 이 곳에 조선 제일의 군사 기지를 만든다.

용산이 현대 도시로 탈바꿈하는 계기는 경부선 철도가 개통되고 나서부터다. 군대의 총본산이기에 용산의 인프라는 다른 지역보다 먼저 들어왔다. 경성의 도심지와는 떨어진 지역이었음에도 1900년에 전차 노선이 이미 용산으로 들어왔고, 상수도도 서울에서 제일 먼저 설치되었다.

일본이 주도하는 도시 계획은 대륙 침략을 용이하게 하기 위한 대로 위주의 개발

일제시대의 용산역사

이었으므로 일부 공간에만 편중된 그야말로 파행적인 사업이 진행되었다고 볼 수 있다. 1910년에 총독부가 시행한 도시가로 정비사업인 시구 개수사업 실시 때에도 용산 지역은 7개의 지구가 이 사업에 포함되는 혜택을 누리게 되었다. 이는 물론 조선에 주둔하는 일본군과 거류 일본인들을 배려한 조치였다. 이 당시 도시개발 사업은 우리나라에서 관이 주도한 도시계획의 출발점으로 기록되었다.

외부와 완전히 차단된 채 도시로부터 격리되고 보호된, 섬이 아니면서도 섬 같은 공간, 미 8군 주둔지. 그 동안 밖의 공간은 이념갈등, 군사정권, 민주화, 노사분규 등으로 살벌했지만, 미 8군만큼은 피난처의 행복감을 누리는 특전을 누려왔다. 미

이태원 주택가의 골목길

8군 내부와 바깥 세계는 이처럼 낙원 같은 땅에서 보호받는 미국인과, 춥고 고달픈 서울의 도시민이라는 상반된 형태로 드러난다.

미8군이란 공간에는 반미와 친미, 기지의 이전과 존치, 국가와 개인, 반목과 침묵, 친북과 반북 등 난잡하고 변덕스러운 소용돌이가 일고 있었다. 그래서 도시민들은 극심한 사회적 방황을 겪게 된다. 1945년 태평양 전쟁에서 승리한 미국은 점령군으로 이 땅에 들어와 일본군들이 사용하던 군사기지를 이어 받아 60년이란 세월을 차지하고 있었다. 그 속에는 아직도 막연한 불안과 기대가 섞여 있다.

용산의 미군 기지에서 길을 하나 건너면 이태원동이 나온다. 이태원(梨泰院)은 원래 조선시대 이태원이란 역원(驛院)이 있었기 때문에 붙여진 이름이다. 본디 이태원이란 이름은 이 곳에 배나무가 많다고 해서 붙여졌다는 설과, 임진왜란 때 왜병들이 이 마을에 있었던 운종사의 여승들을 겁탈하여 아이를 잉태했다고 해서 그 절을 이태원(異胎院)이라 속되게 불렀기 때문에 비롯됐다는 설이 있다.

이태원 일대는 조선 초 이래 산수가 수려한 계곡이 많아 여행자를 위한 역원이 설치되었다. 성종 때 대학자인 성헌의 글을 보면 당시의 이태원에 대해 자세히 알 수 있다.

> 이태원이 목멱산 남쪽에 있는데 그 곳에는 맑은 샘물이 산에서 쏟아져 내려오고 절의 동쪽에는 큰 소나무들이 가득하니 성안의 부녀자들이 피륙을 세탁하고 바래기 위해 이 곳에 많이 모였다.

지금은 화려한 경치가 아닌, 외국인들을 상대로 영업을 하는 유흥가와 각종 점포로 사람들을 유혹하고 있다. 이태원에는 지하철역이 세 군데나 있다. 관광 특구로 지정하여 많은 관광객들과 내국인들의 쇼핑을 용이하게 하겠다는 의지로 보인다. 하지만 우후죽순처럼 생기는 점포들로 인해 경쟁력이 떨어지고, 폐점 하는 가게들이 생기면서 상인들은 울상을 짓고 있다. 이태원하면 떠오르는 특화된 관광상품이 절실하게 필요한 때다.

조선시대의 아름다운 경관을 다시 복원시키기는 어렵지만, 문화유산을 잘 보존하여, 역사적 의미를 되새기는 작업이 필요하다. 예를 들어 역원이 있었던 곳을 재현하거나, 빨래터가 있었던 장소를 멋진 그림과 함께 만들어 놓는 것은 어떨까. 그렇게 된다면 이태원을 찾는 관광객들도 단순한 쇼핑이 아니라, 우리의 역사를 알아가는 유익한 시간이 될 것이다.

용산에서 한강을 보고자 해도 강변의 고층 아파트군 밖에는 눈에 들어오는 것이 없다. 한강변에 있는 꼴불견스러운 고층 아파트를 보고 있다보면 한숨이 절로 나온다. 개발 경제 시대의 군사 정권의 졸속 계획이 저지른 파괴된 도시를 느끼면서... 도시 전체가 상품이 되고 투기의 대상이 된 것이다. 함정일의 〈행복〉이란 소설에서처럼.

나는 난잡하게 파괴된 길과 들쭉날쭉 들어선 임시 부동산들과 건물들이 내 환부를 드러내는 듯이 그에게 보이기 싫었다. 새 도시 붐을 타고 이 동네는 뒷골목으로 전락하느냐, 신상가 지대로 탈바꿈하느냐 기로에 서 있었다. 마을 사람들은 가지고 있던 땅이든, 그럭저럭 살아온 삶이든, 투기하려고들 조금씩 들 떠 있었다. 그것이 그들의 미래를 어떤 식으로 상승시킬 지 아니면 망가뜨릴 지 두고 봐야 알 일이지만, 마을을 휩쓸고 있는 바람은 한겨울 맹추위에도 아랑곳 않고 뿌리채 들쑤셔댔다...

이른 아침 용산가족공원내의 작은 못

도시가 돈을 벌기 위한 수단으로 전락한 것이다. 도시를 만드는 행위는 도시민의 삶과 미래를 위한 기본적인 토대를 만들어주는 일이다. 아파트 단지 건설에도 설계자나 계획가의 가치나 철학이 전혀 보이지 않는다. 그저 마구잡이로 건설해 돈만 벌면 된다는 식이다.

그래서 이제 우리도 생태 도시에 신경을 쓸 때가 된 것이다. 생태 도시는 '지속 가능한 도시'라고도 하지만, 그 개념이 약간 다르다. 생태 도시는 도시를 생태계의 한 단위로서 자연과 문화 생태의 일부로 보는 것이다. 도시를 공간이라는 개념보다 삶의 환경이라고 보고 도시 자체가 더 큰 환경에 속해 있다는 의식에서 출발한다. 즉, 도시를 닫힌 환경이 아니라 시민, 자연, 문화, 국토에 열린 환경으로서 이를 연결하는 매개체로 보는 관점이다.

여명에 여울지는 물비늘과 바람결에 몸을 내맡긴 버드나무가지, 지저귀는 새소리는 보는 이의 가슴을 뭉클하게 한다. 아침에 용산 가족공원으로 가는 길은 청정함이 그대로 묻어난다. 가족공원 입구를 따라 조금만 들어가면 작은 호수와 함께 맑은 공기, 숲, 그리고 산책로가 펼쳐진다. 가족공원의 외관뿐만 아니라 그 내면에 대해 깊숙한 애착을 느끼는 것은 나 스스로가 가족공원 계획에 참여한 까닭이다. 새벽 나뭇가지들의 모습은 차라리 애처롭다. 버드나무가지가 제멋대로 풀어져 흐느적거린다. 군사적 침탈지에 세워진 공원이라 이리 애착이 가는 것일까.
주말이 되면 가족공원은 말 그대로 가족들의 휴식 공간이 된다. 인근에 사는 주민들뿐만 아니라 차를 몰고 이 곳으로 나들이를 오는 가족도 많아졌다. 잔디밭을 뛰어다니는 아이들, 젊은 부부가 아름드리나무 아래 밀린 이야기와 추억을 얘기하며 한가하게 쉬고있는 모습도 보인다. 가끔 아이들이 소풍을 오거나, 백일장 같은 행사가 열리기도 한다. 몇 년 전까지만 해도 이런 공간이 용산에 존재하리라고 누가 믿었겠는가.

도시의 공원은 사막에의 오아시스와 같은 존재이다. 그래서 옴스테드(Olmsted)와 같은 조경가가 이렇게 공원 예찬을 펼치지 않았던가?

> 사람들에게 순수함, 온화함, 자기절제 등 조화롭고, 세련된 영향을 미치는 공원과 녹지를 시민들에게 제공하여 도시 환경을 개선하고, 시민정서를 함양해야 한다.

빌딩숲으로 채워진 용산의 풍경

지금의 용산은 과거의 용산이 아니다. 산허리가 잘려나가고, 강변의 모래사장이 아파트촌이 되고, 강변도로가 강을 막아 버린, 그야말로 추한 모습이 오늘의 용산이다. 이제 산마루가 고층 빌딩보다 낮아져서 마포나 원효로, 한강변 등에서 용산의 산머리는 볼 수 없다. 그 동안 끊임없이 지어진 고층 아파트가 용산의 경관을 황폐화시켜버린 것이다.

용산 성당의 종탑 역시 용산을 대표하는 멋진 상징물이었는데 고층아파트에 묻혀 어디에 있는지 조차도 알 수 없는 지경에 이르고 있다. 도시화 과정에서 벌어진 자본의 잠식이 용산을 얼마나 추하게 만들어 놓았는지 알 수 있는 대목이다.

최근 용산기지 이전 후의 활용방안이 도시정책적 이슈가 되고 있다. 서울은 북한산, 남산, 용산, 한강, 국립묘지, 관악산으로 이어지는 생태도시로 보아야 한다. 따라서 용산에는 남산, 한강으로 이어지는 강한 생태축을 구성하고, 중앙박물관을 비롯한 용산, 이태원의 역사를 포용하는 역사축도 함께 만들어야 한다. 그리고 용산 부지가 고립되지 않도록 외부와 연계되도록 계획되어야 한다. 이를 위해 용산이 이촌동을 통해 한강으로, 이태원을 통해 동편제로, 삼각지를 통해 서편제로 열릴 수 있도록 만들어야 한다.

나는 용산의 미래를 기대한다. 남산, 한강, 고속철도역, 큰 공원 등을 가진 용산은 아름다운 도시의 열정을 꽃피울 수 있는 보고와 같은 곳이다. 용산은 침략, 증오, 약함과 비열함 등 역사적 성격을 깨닫고 있으면서 동시에 이것들을 송두리째 끌어안으려고 애를 쓴다. 이제 용산에 파편처럼 널려있는 용산만의 것들을 하나로 묶는, 의미 있는 작업이 필요하다. 헷갈리는 정부 정책 때문에 흔들리고 방황하면서도 용산은 용산이라는 공간 내에서 변화의 흐름과 희망에 대한 도시민들의 강력한 욕구를 도시계획 속에 담아내야 한다. 그리하여 과거와 현대, 그리고 사람과 사람이 맞부딪치며 살아가는 용산을 미래 지향적인 도시 공간 구조라는 질서 속에서 재구성해야 한다. 한강과 남산은 여전히 푸르다. 용산의 역사는 정작 이제부터 시작이다.

젊음의
혼, 열정 그리고
환상이 있는
광장

大學路

대학로

4호선 혜화역에 내리자, 이미 태양은 서쪽으로 기울며 하늘을 붉게 물들이고 있다. 역 주변에는 공연중인 연극의 팸플릿을 나눠주며 홍보하는 사람들이 줄을 잇는다. 역시 대학로는 공연 예술의 거리라는 생각이 든다. 한 패스트푸드점 앞에는 젊은이들이 가득하다. 퇴근하고 만남을 위해 이 곳으로 모여든 직장인, 공연을 보기 위해 바쁜 걸음을 재촉하는 사람들로 분주한 모습이다.

대학로의 골목을 거닐다보면 눈이 즐겁고, 가슴이 뜨거워진다. 도시의 한 거리에서 다양한 사람의 인생을 대변하듯 다채로운 공연 예술이 펼쳐지는 것은 이 도시에 사는 한 사람으로서 아주 기분 좋은 일이다. 대학로는 서울의 삶의 질을 한층 더 높여주며 우리들 마음을 따뜻하게 해주고 있다.

대학로의 역사는 1924년으로 거슬러 올라간다. 일본은 동숭동과 연건동에 경성제국 대학을 짓고, 이화동, 동숭동, 연건동에 일본인 교수들의 사택촌을 만든다.

대학로에서 음악을 연주하는 악단

서울에 최초로 조그만 대학 마을이 만들어진 것이다. 그러던 것이 해방 이후 서울대학교의 문리대, 법대, 의대, 미대 캠퍼스가 동숭동 주변으로 생기면서 현대식 대학가로서 외관을 갖추며, 대학로라는 이름을 갖는다. 지금 말하는 캠퍼스 타운인 셈이다.

서울대가 관악으로 이전하기 전까지 문리대 캠퍼스는 토론, 비판, 항거, 낭만이 함께 어우러져 숨쉬는 공간이었다. 서울 문리대라는 문화적 요소가 동숭동이란 공간을 만들어낸 것이나 다름없다. 서울대학교가 이 자리에 그대로 남아있었다면 대학로가 세계적인 명소가 되었을 것이다. 도시의 정체성(identity)도 흠뻑 남아 있으면서.

1975년 서울대학교 터가 주택지로 분할되어 매각 공고가 났을 때 아무도 이 땅을 사려고 하지 않았다. 군사 정권 아래 대한주택공사가 건설회사에 구걸하다시피 하여 매각했다. 민간 주도가 아니라 군사정권의 힘으로 된 관제형 도시개발이 되었던 것이다. 유신 정권은 도심 한복판인 지금의 대학로에 반정부 데모의 본거지인 서울대학교가 있다는 사실이 꽤나 부담스러웠나 보다. 결국 데모로 인한 정부 전복을 우려한 나머지 서울대를 청와대에서 멀리 떨어진 관악으로 옮기게 했다. 대학로의 가슴 시린 사연이 멈포드의 말을 떠올리게 한다.

정신이 도시 속에 모습을 나타내고, 반대로 그 도시의 모습은 다시 도시민의 정신에 영향을 미친다.
– 멈포드, 〈도시의 문화〉에서

낮 동안 뜨겁게 달아있던 공기 입자들이 석양의 엷은 빛에 안도의 숨을 내쉬며 이제 훈풍으로 길 위를 낮게 떠돌고 있다. 다양한 연극의 바다에 빠져본다. 휴일과 저녁 시간이 되면 연극은 더욱 활기를 띠며 이 거리를 열정으로 감싼다. 대학로에는 30여개의 소극장이 있어서 수많은 연극인들을 모여들었고, 예술을 사랑하는 시민들을 유혹한다.

"일반 관람객들이 사실 연극을 가장 잘 이해하는 사람들이에요. 사전 지식이나 이론에 얽매이지 않고 연극을 감상하니까요. 배우들의 연기가 직접 전해지고 감동으로 이어지거든요."

우연히 만난 극단 대표는 대학로의 연극에 대해 흥분하며 "요즘에는 연극이 하도 많아 질이 떨어지는 연극도 펼쳐지고 있죠. 즉 깊이가 없는 상업적인 연극이 나타나고 있어요"라고 일침을 놓는다.

얼마 전에는 남녀의 성을 주제로 적나라한 연극이 공연되어 사람들을 어리둥절하게 한 적도 있었다. 예술성과 실험정신을 선보이면서 시민들의 반응과 평가를 받아 보려는 의도로 보여진다.

많은 소극장 중에서 추천할 만한 곳을 고른다면 김민기 씨가 운영하는 학전블루, 학전그린, 극작가 오태석 씨의 아룽구지, 방은미 씨의 아리랑, 임수택 씨의 알과핵 등을 들 수 있다. 또한 오랜 전통을 가지고 수많은 배우들을 길러낸 연우무대도 있다. 그 곳은 한국 영화에서 빼놓을 수 없는 송강호, 유호성 등을 배출시킨 극장이기도 하다.

어린이 연극을 많이 하는 곳으로는 샘터 파랑새와 지금은 없어졌지만 바탕골소극장이 있었다. 공연시설은 찾아 가기가 쉬워야 시민들의 발걸음을 이끌 수 있다. 국립극장, 과천 현대미술관을 시민들이 왜 회피하는가. 가기가 불편해서다.

동숭동에서 일어난 60 - 70년대 반정부 데모와 끌어오르는 함성, 그리고 그 주역이던 청년들

오늘의 대학로가 어느 날 갑자기 하늘에서 떨어진 것은 아니다. 그전부터 오늘이 있기까지 수없이 몸부림쳐왔던 것이다. 한국에서 1960년대와 70년대의 청년 문화라면 동숭로 대학가를 떠올리는 사람이 많다. 물론 그 당시에는 독재정권에 항거하기 위한 반정부 데모의 중심지였다. 하늘 높이 끓어오르는 함성 그리고 시커먼 최루탄 연기가 이 시기의 대학로를 말해준다. 서양처럼 물질적 풍요에 의한 청년문화라기보다는 소박한 지성의 문화라는 해석이 옳을 것이다.

1980년대에 대학로가 만들어지고 신 청년들이 대거 몰려온다. 새로운 세대는 어디서 무엇을 하고 있다가 갑자기 등장한 것일까. 1970년대에도 청년문화의 국제적 움직임을 읽은 예민한 청년들이 존재했다. 이들의 활동무대는 주로 명동을 중심으로 한 서울 중심부에 국한되어 있었다. 이들은 명동 등지의 음악 감상실에서 죽치고 앉아 음악을 듣고, 무교동의 낙지와 청진동의 빈대떡을 막걸리 안주삼아 먹었던 세대이다. 하지만 항상 새로움을 갈구하면서 새로운 청년 문화의 탄생을 기다리고 있었던 것이다.

대학로의 문화를 더 깊이 파고들기 전에 도시(civitas)와 도회지(urbs)를 구분할 필요를 느끼며 한 박자 쉬고자 한다. 대학로처럼 문화가 도시 전체에 골고루 스며들어 품격 있는 도시가 될 때 비로소 도시다운 도시(civitas)가 될 수 있다. 반면 도회지는 '도시다움'이 결여된 물리적, 외형적인 도시를 지칭한다. 여기서 히루 후지타의 도시와 도회지의 구분을 들어보자.

> 크란쥬라는 역사 학자는 "도시(civitas)를 구성하는데 오랜 시간이 요구되었던 반면, 도회지(urbs)는 단번에 건설되었다."고 언급했다.

> 도시(civitas)는 문화적, 정치적, 종교적인 집합체인 도시를 의미하는 말로 영어 시티(city)의 어원이다. 이에 반해 도회지는 건축물 등의 집합을 의미하는 말로 영어의 어반(urban)의 어원에 해당되는 말이다. 이 문장을 해석하면 도시와 도회지를 의미하는 두 용어가 전혀 상반되는 것처럼 보인다.

뒷골목으로 들어 갈수록 심장박동이 빨라진다. 잠깐 거친 숨을 고를 겸 걸음을 멈추고 주변을 돌아본다. 현란한 불빛 속의 간판이 어지럽게 나타난다. 혜화동 로타리에서 이화동 교차로까지 1km 남짓한 대학로에 무려 100군데 이상의 카페가 있다. 남녀들이 그룹으로 짝지어 재잘거리는가 하면 카페, 레스토랑에서 만남과 어울림들이 수없이 시야에 들어온다. 정열적으로 뿜어대는 광기가 있는가 하면 차분하고 조용한 카페들도 보인다.

바탕골소극장을 중심으로 뻥 둘러 들어선 이탈리아, 멕시코, 프랑스, 인도 등의 외국 레스토랑들이 다양한 간판 디자인을 자랑이라도 하듯이 서있다. 미술 감상을 하면서 차를 마시는 갤러리 카페, 재즈 전문 라이브 카페들도 들어섰다. 먹고 마시고 즐기는 문화는 어쩜 그렇게도 빠르고 쉽게 서양을 닮아가고 있는 것일까. 젊은 생명들의 아우성들이, 속삭임들이 어둠이 깔린 골목길에 낮게 드리워진다.

마로니에 공원, 한 때 이념과 낭만이 공존했던 이곳. 지금은 과거의 흔적을 찾을 수 없을 만큼 변했지만. 지금의 마로니에 공원은 즉흥공연의 무대가 된지 오래다. 여기에서는 노천공연, 댄스, 연주가 끝일 날이 없이 펼쳐진다. 천막 공연장은 모 통신사가 협찬하여 지금은 멋스럽게 바뀌어졌다. 주말마다 이 곳엔 공연이 열려 사람들을 음악에 흠뻑 취하게 만든다. 공원 한 구석에서 요란한 음악에 맞춰 몸을 흔들어대는 청소년들의 힙합 공연도 볼만하다.

마로니에 공원은 무대진출의 꿈을 꾸는 젊은이들의 데뷔의 장이다. 얼마 전 이곳에서 춤을 추던 한 청년이 가수로 데뷔하는 것을 본 적도 있다. 여기서 기량을 한껏 발휘하면서 담력을 키우고 관객들의 호응도를 살펴보았기에 그가 무대에서 그렇게 열광적으로 춤을 출 수 있었던 것 같다. 마로니에의 오래된 은행나무 밑에는 서양도시에서 흔히 볼 수 있는 초상화가들이 사람들의 얼굴을 그려주고 있다. 한편에서는 점술가들이 연인들의 사주와 손금을 보며 운명을 말해주고 있다.

신현수의 〈끝이 없는 길은 없다〉의 한 대목을 떠올리며 길을 걷는다.

> ... 은오는 주택가에 차를 세우고 천천히 대학로 길을 걸어갔다. 언제나 대학로엘 가면 젊은 날의 사랑과 환희, 고민, 아픔같은 것이 생각나 가슴이 저려왔다.
> ... 계단이 삐그덕거리는 대학로의 카페에서 영석을 만났고, 그와 술을 마셨고, 사랑했고, 결혼해 애를 낳았었다. 그러나 이젠 헤어졌다. 마로니에 공원에는 지난밤을 같이 보냈는지 아직도 열정에 찬 눈길로 마주보면서 벤치에 앉아 속삭이거나 서로의 허리에 손을 두르고 걸어가는 연인들이 더러 있었다.
> ... 유리창가 베란다에 곱게 배치된 작은 화분들에게 눈길을 주면서 은오는 맥주를 들이켰다. 입과 목을 관통해 들어가는 맥주는 이른 아침부터 술을 마실 수밖에 없는 서른 다섯 살 먹은 여자의 남루함을 비웃기라도 하는 듯 씁쓸하고 차갑기만 했다.
> - 박철수의 〈소설속의 공간산책〉에서 재인용

서울이라는 복잡한 도시에서 살아가는 사람들에게 대학로는 안식처가 되고 숨통의 역할을 해왔다. 80년대에 들어와 대학로는 커다란 탈바꿈을 강요받는다. 계획적인 설계를 통해 시민들의 다양한 활동을 담고자 하는 시정부의 노력이라고나 할까. 튀는 젊음과 일반시민들의 문화적 욕구에 대한 공간적 수용, 그리고 전통 건물과의 조화 등의 요소를 적절히 반영시킨 도시설계이다. 이제 대학로는 도시와 건축학도들이 성지순례 하듯이 들르는 곳이 되었다. 오늘의 대학로는 처음에 구상했던 모습과는 조금 거리감이 있는 것도 사실이다. 지금은 자본의 물결이 밀려들어와 당시 도시설계자의 본 취지를 벗어나고 있는 게 현실이기 때문이다.

서울의 젊은이들에게 대학로가 있다는 것이 얼마나 큰 축복인가? 런던의 옥스퍼드 거리나 코펜하겐의 스퇴레이 거리가 부럽지 않은 이 거리는 울적한 마음을 달래기 위해, 분출하는 욕구를 발산하기 위해 많은 사람들이 찾는 대표적인 공간이다. 분수처럼 화려하게 뿜어대는 열기와 눈부신 리듬 속에 분출하는 그 무한한 '자유와 희열'의 에너지를 느낀다.

대학로의 어느 극단 입구의 장미꽃

밤 시간에 뒷골목을 배회하다가 어느 허름한 술집으로 들어가 보았다. 공연을 마치고 찾은 배우들과 스탭들이 한 자리에 모여 토론을 벌이며 술을 마시고 있다. 나는 호기심에 그들과 합석하여 대학로에 대한 그들의 생각을 들어봤다. 지금 한창 장기 앵콜 공연 중인 연극의 주연 배우의 말이 내 가슴을 아프게 만든다.

"그냥 연극이 좋아서 무작정 극단에 갔죠. 이제 대학로에서 생활한 지도 10년이 넘는군요. 이렇게 장기 공연을 해도 출연료는 교통비에 불과하답니다." 그의 얘길 듣자니 춥고 배고픈 연극배우의 삶이 처절하게 느껴진다. 하지만 그는 희망찬 말을 덧붙인다.

"사실 돈을 벌려고 하면 얼마든지 다른 일을 할 수 있죠. 하지만 연극이라는 게 저를 놔주지 않아요. 아니, 연극에 대한 저의 사랑이 저를 이 곳에서 살아가도록 만든답니다. 저는 죽기 전까지 무대에 설 겁니다."

술이 거나하게 취한 그였지만, 눈빛만큼은 강하게 불타오르고 있었다. 그들과 건배를 하며 술을 마시자, 내 가슴 속에도 열정이 피어오르는 것만 같다. 아마도 이렇게 연극을 사랑하는 사람들이 있기에 대학로가 아름다운 문화 공간이 되지 않나 하는 생각을 하며 밤새 그들과 대화를 나눴다.

블록버스터는 영화 속에서만 존재하는 얘기가 아니다. 요즘 한창 인기 있는 뮤지컬은 거대한 자본으로 무장하여 미국의 배우들과 스탭들을 총동원해 관객들에게 선보이고 있다. 하지만 이 곳 대학로에서는 그들이 뿌려대는 홍보비의 1/10도 못 미치는 제작비로 창작 뮤지컬을 만들고 있다. 대형 뮤지컬에는 기업들이 서로 투자하기 위해 모여들지만, 창작 뮤지컬은 외면한다고 한다. 한 창작 뮤지컬의 연출가는 자신의 집을 저당 잡혀 그 대출금으로 뮤지컬을 만들었단다.

현재 장기 공연을 하고 있는 〈지하철 1호선〉은 학전의 대표이자, 유명한 연출가인 김민기 씨가 연출한 작품이다. 이것은 번안 뮤지컬이긴 하지만, 우리의 현실에 맞게 각색하여 대학로에서 빼놓을 수 없는 수작으로 알려져 있다. 그가 만든 작품이 창작 뮤지컬처럼 우리의 감성을 자극하고 공감대를 형성하기에 오랫동안 무대에서 사랑을 받고 있는 것은 아닐까.

밤이 깊어 대학로의 골목을 따라 안으로 거닐어 본다. 거기엔 조용한 주거지역이 나타난다. 적막이 흐른다. '가장 밝은 곳 주변이 제일 어둡다'는 표현으로 설명될 수 있을까. 하지만 시끄러운 거리에서 이 곳 주거지까지의 거리는 얼마 되지 않는다. 다닥다닥 붙어 있는 허름한 집에는 대학로에서 인생을 불태우는 연극인들의 자취방들이 있다고 한다.

대학로 주변 낙산 올라가는 길과 성채

대학로라는 문화의 거리를 위협하는 게 있다. 바로 어느 곳이든 가리지 않고 덤벼드는 상업 자본주의 물결이다. 지금 대학로의 문화적 유산도 꽤 많이 사라져 가고 있다. 숱한 일화를 가지고 있는 건물들. 건축가 김수근이 설계한 샘터사옥은 '밀다원(찻집)'으로 간판을 바꾸어 가면서 자구책을 모색했으나 계속되는 경영난으로 '밀다원'이란 이름을 내리게 되었다. 대학가 최고의 식당중 한 곳이었던 '진아춘'은 손님이 줄자 문을 닫아버렸다. 진아춘은 그 시절 손님들이 음식값 대신 맡기고 간 시계, 반지 등을 간직하고 있다가 간판을 내리기 전에 일반에게 전시했던 일화를 지니고 있기도 하다.

학림다방을 논하지 않고 대학로를 운운한다는 것 자체가 무의미한 일이다. 그만큼 학림다방은 대학문화의 중심에 있다. 낡은 목조계단, 바랜 융단, 흘러나오는 고전음악이 이 다방을 대변한다. 1956년 개업한 이래 숱한 대학생들의 사랑방으로 자리 잡아 왔던 학림. 학림다방에서 일어난 수많은 일화는 한이 없을 정도이다. 지금은 고인이 된 작가 전혜린의 글에서도 대학 시절 그녀가 학림다방의 창가에 앉아 책을 읽었다는 대목이 나온다. 그만큼 문인들과 예술인들에게 학림다방은 마로니에 공원을 내려다보며 예술 혼을 불태우는 명소가 되었다.

대학로에서 지척 거리에 있는 동숭동의 낙산. 산 모양이 낙타 등처럼 볼록하게 솟았다고 해서 '낙타산'으로 불리다가 나중에 '낙산'으로 바꾸어 부르게 된다. 지하철 4호선 혜화역 2번 출구로 나와 마로니에 공원을 지나 500m 가량 올라가면 경복궁, 종묘, 강남이 한 눈에 들어오는 지점에 다다른다. 서양의 성곽과 같이 이 곳에 한양을 방어하기 위해 성벽을 쌓아 놓은 것이다. 도시방어가 그만큼 중요했기 때문이다. 그런데도 한양은 외적의 숱한 침공을 당했으니 할 말이 없다. 좀더 올라

대학로의 한국문화예술진흥원 건물

가면 육각정(낙산정)이 이곳의 상징으로 자리매김하고 있다. 그 옆에 눈길을 잡는 밭 터가 있다. 일명 '홍덕이 밭'이라고 불리는 서너 평쯤 되는 밭이다. 병자호란 때 청국에 끌려갔다 돌아 온 효종이 청국에서 나인 홍덕이가 담가주던 김치 맛을 잊지 못해 낙산에 채소밭을 마련해서 그에게 계속 김치를 담그게 했다는 곳이다.

넓은 대학로를 보며 한숨 짓는다. 자동차로 인해 거리가 심미적 겁탈을 당한 것이다. 자동차와 넓은 도로로 인해 대학로의 공간이 어처구니없이 날아가 버리는 것 같다. 대학로의 차로 폭을 줄여서라도 승용차가 많이 들어오지 못하도록 해야 한다. 자동차의 통행을 우선한다면 대학로라는 도시의 문화적 공간이 일그러질 수밖에 없다. 도로를 버스 중심가로로 만들어 가급적 대학로에는 버스만이 들어오게 해야 한다. 대학로는 지하철이 있어 승용차의 통행을 억제한다 하더라도 크게 문제될 게 없다. 그래야만 보행자가 안전하게 왔다 갔다 할 수 있고, 대학로 양쪽의 문화도 자연스레 흐르게 된다

대학로 건너편의 성균관대학교는 대학로의 지성을 대표하고 있다. 성균관은 우리나라 유학의 총 본산이며 대학의 뿌리다. 태조는 유교를 기리는 뜻에서 공자, 사성과 십철, 육현을 모시는 성균관을 이곳에 지었다. 이곳엔 제사 일을 보는 노비들이 있었는데 그 숫자가 1,000여명에 이르렀다. 그래서 이 곳을 관동 노비촌이라 불렀다. 노비들의 위세가 대단했기에 선비들조차 함부로 대하지 못했다고 한다. 수많은 제사에 희생된 짐승으로 국을 끓여 제사에 참여한 사람이 골고루 나누어 먹으면서 선농탕이 생겨났다. 이 음식이 오늘날의 설렁탕이다.

또한 명륜동엔 명성왕후의 신망을 입고 세도를 자랑하던 무당의 본거지로도 유명하다. 그녀는 진령군이란 군호를 받으며, 명륜동의 북관묘를 무대로 자신의 권세를 이용하여 고관대작의 뇌물을 받는 등 횡포가 심했다. 그런 진령군을 규탄하기 위해 민란까지 일자, 그녀는 결국 12년 세도의 종지부를 찍고 옥에 갇힌다. 그 때, 북관묘도 그녀의 인생과 함께 문을 닫게 된다.

다시 대학로를 걷자니 참을 수 없는 존재의 가벼움이라는 말이 생각난다. 우리의 문화와 정서를 가꿔나가기 위해 소극장의 어두운 무대에선 연극인들의 구슬땀이 쏟아지고 있는 요즈음, 자꾸만 천한 상업주의가 이 곳을 침투하는 것만 같아 마음이 괴로워진다. 하지만 자신의 사재를 털어서 창작 뮤지컬을 만드는 연출가들이 있는 한, 춥고 배고프지만 연극에 대한 열정으로 오늘도 밤을 불태울 연극인들이 있는 한, 대학로는 우리 곁에 아름답게 서 있을 것이다.

삶이
살아숨쉬고
사람의체취가
녹아있는곳
東大門

동대문

서울의 사대문 가운데 하나인 동대문을 보고 있자니, 처마에 흐르는 곡선의 아름다움과 은근한 색조가 인상적으로 다가온다. 사방에 가득 찬 자동차들이 서로 먼저 가겠다고 질러대는 클랙슨 소리와, 시꺼먼 매연에 시야를 가려 사람들의 몸과 마음이 동대문을 만지고, 느끼고 싶어도 그렇게 하지 못하는 현실이 안타깝게 다가온다. 동대문은 시민들이 가까이 갈 수 없는 먼발치에서 동경의 대상으로 그쳐야만 하는가. 그저 멀리서 바라보고만 있기에는 가슴이 너무나 아프다. 전통문화의 몰락이라고나 할까.

도시에서 문은 이방인에게 등대이기도 하고, 관망대이기도 하다. 프라하성에 올라가서 시내 주택가를 내려다 볼 수 있고, 알함브라 궁전의 꼭대기에 올라서서 그라나다 시내를 바라 볼 수 있고, 아비뇽의 성당에 올라가 강을 관망할 수 있는데 누가 우리의 동대문을 이리 올라갈 수 없게 해 놓았는가.

처마에 흐르는 곡선과 은근한 색조의 아름다움을 지닌 동대문

동대문 주변을 걷다보면 옛 사람들의 정서와 정신이 환영처럼 스쳐간다. 동대문은 태조 5년에 축조되었다. 한양주변의 도성 축조계획은 태조 4년(1396년)에 수립되어 사방에 큰 대문을 한 개씩 세우려는 의도 아래 동대문을 세웠다. 군 출신이었던 이성계는 적으로부터 한양을 지키는 것이 가장 시급한 일이라고 판단하고, 한양에 성을 쌓는 일에 몰두한 것이다. 한양을 성곽도시나 계획도시로 부르는 까닭이 여기에 있다. 동대문은 다른 문의 지형보다 낮아 옹성이 필요했다. 그래서 문을 둘러싸고 본 성채에 엇대어 바깥쪽에 둘러싸는 반원형의 성벽인 옹성을 쌓은 것이다. 당시 서울인구가 5만 명이었는데 49일 동안 도성을 쌓느라 전국에서 12만 명이 동원되었다고 하니 그 규모를 짐작할 수 있다. 이 기간 중에 미처 준공을 하지 못한 동대문 인부들에게 태조는 "어서 고향에 돌아가 씨를 뿌려라" 라고 하면서 백성에게 귀향을 독려했다고 한다.

동쪽의 관문 역할을 톡톡히 해 낸 동대문. 이 문을 거쳐 동쪽인 강원도 등지로 가려면 한강 둑을 따라 다리를 건너야 하고, 북쪽으로 가는 사람들은 동대문에서 안암동, 종암동쪽으로 가야만 했다. 고종과 순종 황제가 홍릉을 다녀오기 위해서도 동대문을 통과했다. 1899년 5월 18일에는 전차가 동대문을 거쳐 청량리까지 개설이 된다. 전차는 미국회사에 의해 만들어졌지만 일본 식민주의의 핵심 인프라였다. 전차 개설은 도로 확장과 도시 정비의 촉진제 역할을 하게 된다.

동대문이 시장으로 태어난 것은 종로 4가의 배오개(지금의 창경궁로가 지나가는 거리)의 난전(노점상)에서 유래한다. 배오개 상인들은 노점상으로 돈을 벌어 도매 상인으로 커갔으며, 초기에는 주로 채소를 팔아서 성장했다. 배오개시장은 종로의 시전상가, 남대문 밖의 칠패시장과 함께 조선 후기 한양의 3대 시장으로 자리를 굳히게 된다.

1905년에 김종한 등 몇 사람들이 광장주식회사를 설립하여 188개의 점포를 짓는다. 상인들은 종로 5가 쪽에서 청계천 쪽 양편에 행랑을 짓고, 두 건물 사이에 상가를 세웠다. 이 시장이 나중에 배오개시장, 광장시장, 동대문시장으로 불리게 된다. 동대문시장은 이렇게 태어났다.

도시에서 근대화와 도시화라는 이데올로기 가치 아래 나온 것이 시장이다. 1905년 한성부는 1만여 평의 미나리 밭에 모래흙을 덮어 터를 닦고 동대문시장 건물과 광장을 세운다. 이 광장을 도심 터미널과 같은 종합 교통센터로 만들어 도심 동쪽

동대문 시장의 거리

의 승객과 물류 수요를 이 곳에서 처리해야만 했다. 매우 아쉬운 대목이다. 동대문 광장은 복합 교통터미널이 되었어야 한다. 6.25사변으로 시장 건물이 파괴되었으나 미국의 구호물자가 거래되면서 다시 활기를 찾는다. 1960-70년대에 7층 규모의 동대문 종합시장이 생겨나면서 동대문시장은 서울의 본격적인 종합시장으로 거듭난다.

젊은이들의 패션과 예술적 감성이 거부할 수 없는 유혹으로 다가오는 동대문시장. 서울이 점차 대중 소비사회로 변하면서 거대한 상업화를 이룬 대표적인 곳이 바로 동대문 시장이다. 동대문 시장은 90년대 이후 패션, 의류상가로서 급격히 발전한다. 그래서 동대문 시장은 현재 고용인구 10만, 연간 매출액 10조, 수출 19억 달러라는 경이적인 수준에 이르렀다. 공간적으로 볼 때 동대문 시장은 동편제라 불리는 동쪽 도매상가와 서편제라고 하는 두산타워, 밀리오레, 프레야타운이 중심축을 형성하고 있다.

도시에 있어서 시장과 같은 공간이 형성되면 많은 사람들이 몰리게 된다. 즉 도시 시설물의 위치가 시민들의 행태에 영향을 미치고, 이는 거꾸로 도시 공간구조에 기여하게 된다. 라포포트의 사상도 이와 맥을 같이 한다.

> *사람을 만나는 일 역시 인간이 사회적 동물로 정의된 이래 기본적 욕구이다. 여기서 중요한 것은 거리든 주택이든 카페든 간에 사람들이 어디서 만나느냐는 점이다. 이것은 만난다는 그 사실 자체가 도시 형태에 영향을 주기 때문이다. 도시 속에서 사람들이 얼마나 쉽게 도시의 주요 시설물에 적응할 수 있느냐는 그들을 도시 사회적 인간으로 만드는 데 중요한 역할을 한다.*
> *- 아모스 라포포트, 〈주거 형태와 문화〉에서*

저녁노을을 받아 화려하고 아담한 동대문

밤늦은 시간에 동대문 시장을 가본 사람은 그 화려함과 북적거리는 인파에 한번쯤 놀랐을 것이다. 좀 더 좋은 물건을 싸게 사려고 삼삼오오 물건을 사러 오는 사람들과, 지방에서 관광버스를 타고 몰려드는 상인들로 인해 동대문의 밤은 낮보다 더 환하게 불을 밝힌다. 청소년들과 젊은 사람들을 끌어 모으기 위해 밀리오레와 두산타워 앞에는 무대가 설치되어 있다. 화려한 조명과 강렬한 스피커를 통해 울려 나오는 힙합 음악에 맞춰 젊은 댄서들은 자신의 끼를 마음껏 펼친다. 구경하는 사람들도 음악에 맞춰 어깨를 흔들며 공연에 흠뻑 취한다.

커다란 음악 소리를 등 뒤로 하고, 상가로 들어가면 다닥다닥 붙은 점포들이 신상품을 선보이며 사람들을 유혹한다. 쉴 새 없이 움직이는 에스컬레이터를 타고 오르락내리락하는 사람들의 손엔 물건을 담은 비닐 백이 들려있다. 유행의 메카가 된 동대문 시장은 외국인의 발걸음을 모여들게 만든다. 그들은 가격을 흥정하기 위해 서툰 한국말로 "깎아주세요"를 연발하며 미소 짓는다. 주인은 하는 수 없다는 듯 가격을 깎아준다. 외국인들을 끌기 위해 상가의 한 쪽에는 발맛사지를 하는 맛사지센터와 성형외과, 치과 등이 위치해 있다. 밤늦은 시간에도 맛사지를 받는 중국 여인네들과 일본인들이 눈에 띈다.

이곳에는 심야 영화상영을 하는 곳이 있어 쇼핑을 하는 젊은이들에게 인기다. 낮보다 밤이 더 화려한 동대문은 젊은이들의 열기로 겨울에도 뜨겁게 달아오른다. 옷 가방을 둘러메고 친구들과 즐겁게 얘기를 나누는 한 대학생에게 다가가 동대문 시장에 대해 물어봤다.

"전 대전에서 살아요. 여기에서 옷을 사려고 친구들이랑 밤에 올라왔어요. 생각보다 예쁜 옷도 많고, 싸니까 친구들이랑 한 달에 한 번 쯤은 꼭 찾아요. 여기에는 유행을 앞서가서 좋고, 다양한 옷을 살 수 있어 더 좋아요. 대전에도 이런 곳이 생겼음 좋겠어요."

역시 패션 메카인 동대문을 찾는 젊은이들의 생각은 거의 비슷하다는 생각이 들었다. 다양한 제품과 며칠 만에 신제품을 내놓는 발 빠른 그들의 전략이, 다양하고 새로운 것을 끊임없이 요구하는 요즘 젊은이들의 구미에 딱 들어맞기 때문에 폭발적인 인기를 끌 수 있는 것이다.

막강한 시장의 거대한 힘이 우리를 황홀하게 하기도 하지만, 어지럽게도 만든다. 급격한 성장이라는 화려한 이면에 드리워진 그림자도 많다. 주변국들과의 경쟁이 치열해지면서 동대문 시장에도 난관이 닥쳤다. 일본의 선진형 패션 산업과 저비용

패션타운 거리에서 발견한 꽃과 화분

의 중국 사이에 동대문 시장이 끼어 있는 것이다. 그래서 동대문이라는 패션 산업은 그들에게 뒤지지 않을 만큼 독창적인 뭔가가 있어야 한다. 뛰어난 젊은이들의 톡톡 튀는 아이디어와 패션 감각을 정책적으로 지원해주고 격려해주는 제도가 절실하게 필요하다.

토요일 밤이 되면 지하철 2,4호선 동대문운동장역부터 밀리오레까지 인파로 가만히 있어도 앞으로 밀려갈 정도로 복잡하다. 인도까지 늘어선 포장마차와 상가들로 인해 걸어가기조차 힘들어진다. 쇼핑을 하는 사람들이 경쾌하게 인도를 걷고, 쇼핑을 즐길 수 있는 정책이 필요하다는 생각이 든다.

쇼핑하느라 지친 사람들은 건물 옆에 마련한 돌 의자에 앉아 잠깐 숨을 돌린다. 이때, 상가 옆에 마련된 공원이 있어 그 곳에서 편하게 쉰다면 얼마나 좋을까. 동대문 주변에서 이렇듯 시민들이 휴식을 취하고 차분하게 사색할 만한 곳은 찾아보기 힘들다. 그래서 동대문운동장만이라도 하루 빨리 공원화시켜야 한다. 청계천이 복원되고 낙산, 동대문, 장충단, 남산을 잇는 경관 축이 이어지면 동대문 지역의 다채로운 표정과 역동적인 흐름이 살아 숨쉴 수 있을 것이다.

공원이 부족한 도시는 불행한 도시다. 왜냐하면 시민들에게 행복을 주지 못하기 때문이다. 그래서 도시를 계획하는 사람들은 대도시에서도 '전원 도시'라는 화두를 한시라도 잊어서는 안 된다. 도시학자 멈포드(Mumford)의 말처럼.

야간조명에 찬란하게 빛나는 밀리오레 빌딩

> 도시 공간은 일시적인 피난처로서가 아니라 항상 전원적인 환경을
> 유지하면서 도시민이 도시적인 장점을 갖는 삶을 영위하고, 문화의
> 영원한 안식처가 되도록 해야 한다.

어디엔가 숨어서 동대문 주변을 살피는 사람이 있다면 어떻게 이 곳을 평가할 것인가? 흥인문이 보여주는 눈빛은 쓸쓸하고 적막하다. 아무도 눈여겨 보지 않는 흥인문에서 이 도시의 고유한 전통적 가치를 찾아내는 노력이 필요하다. 동대문시장과 동대문운동장을 비롯한 이 지역의 공간적 정체성이 확보되어야 한다. 이를 위해 서울시는 도시 공간구조의 장래 비전을 읽어 이를 동대문이라는 지역성에 치밀하게 반영해야 할 것이다. 아울러 동대문 주변 곳곳에 숨어있는 역사, 전통, 숨결, 산업, 잠재력, 미래상 등을 '동대문 문화'라는 우산 속에 집어넣어 동대문이라는 장소를 이미지 메이킹하는 일이 절실히 필요하다고 하겠다.

서울의 영감 풍경의 매혹

1판 1쇄 인쇄 2004년 12월 27일
1판 2쇄 발행 2005년 2월 1일

지은이 원제무
펴낸이 이상림
펴낸곳 (주)공간사

총괄 박성태
진행 김혁준, 김정은
디자인 임창순, 김정희
출력 (주)디티피
인쇄 월드프린팅

주소 110-280 종로구 원서동 219번지
전화 02)747-2892
팩스 02)747-2894
등록 1978년 4월 25일 제1-18호
전자우편 webmaster@vmspace.com

ⓒSPACE Publishing Co.

* 이 책의 판권은 지은이와 (주)공간사에 있습니다.
  이 책 내용의 전부 또는 일부를 재사용하려면 반드시 양측의 서면 동의를 받아야합니다.
* 잘못된 책은 바꿔드립니다.

ISBN 89-85127-06-3

정가 12,000원